Konrad Zacher

Die Aussprache des Griechischen

Vortrag gehalten im Verein zu Breslau

Konrad Zacher

Die Aussprache des Griechischen
Vortrag gehalten im Verein zu Breslau

ISBN/EAN: 9783743393578

Hergestellt in Europa, USA, Kanada, Australien, Japan

Cover: Foto ©Thomas Meinert / pixelio.de

Manufactured and distributed by brebook publishing software (www.brebook.com)

Konrad Zacher

Die Aussprache des Griechischen

DIE AUSSPRACHE

DES

GRIECHISCHEN.

VORTRAG

GEHALTEN IM

WISSENSCHAFTLICHEN VEREIN ZU BRESLAU

VON

Dr. KONRAD ZACHER

A. O. PROFESSOR DER KLASS. PHILOLOGIE AN DER UNIVERSITÄT BRESLAU.

LEIPZIG,

DRUCK UND VERLAG VON B. G. TEUBNER.

1888.

HERRN GEHEIMEN REGIERUNGSRAT

Professor Dr. M. Hertz

ZU SEINEM 70. GEBURTSTAGE

DEN 7. APRIL 1888

IN VEREHRUNG UND DANKBARKEIT DARGEBRACHT

VOM

VERFASSER.

Hochgeehrte Versammlung!

Wenn ich für den heutigen Abend einen Vortrag über die Aussprache des Griechischen angekündigt habe, so bitte ich Sie, von mir nicht eine eigentliche gelehrte Abhandlung zu erwarten. Ich will Ihnen weder neue Resultate eigener Forschung vorlegen, noch eine vollständige Übersicht über den Stand unseres Wissens von dem Gegenstande geben. Wie könnte dafür auch die kurze mir zum Sprechen verstattete Zeit hinreichen? Würde doch eine erschöpfende Darlegung dessen, was wir über die Aussprache des Griechischen wissen, fast gleichbedeutend sein mit einer Vorführung der gesamten griechischen Lautlehre. Denn die Lautlehre ist ja eben die Lehre von den Lauten, also von den Klängen oder Schällen, aus welchen sich die Sprache zusammensetzt: ihr Bestreben ist, zu erkennen, welchen Laut die Zeichen, in denen uns eine Sprache überliefert ist, gehabt haben, daraus festzustellen, welche Laute die Sprache überhaupt gehabt hat und wie dieselben sich im Lauf der Zeit geändert haben: — das ist doch nichts anderes als Geschichte der Aussprache.

Somit konnten Sie schon aus der Fassung des Themas ersehen, daſs mein Vortrag nicht eine wissenschaftliche Tendenz hat (sonst hätte das Thema etwa lauten müssen: „Über die Lautwandelungen im Verlauf der griechischen Sprachentwickelung", oder „Über den Lautwert der griechischen Schriftzeichen in der klassischen Zeit"), sondern eine praktische. Es fragt sich, wie sollen wir das Griechische sprechen, wie soll es auf den Gymnasien gelehrt werden? Ist die jetzt bei uns übliche Aussprache richtig, und, falls sie das nicht ist, empfiehlt es sich, sie durch eine andere zu ersetzen und durch welche?

Die Frage, wie das Griechische gesprochen worden und wie es zu sprechen sei, ist ja bekanntlich gar nicht neu, sondern schon seit Jahrhunderten Gegenstand der Erörterung, ja der leidenschaftlichen Polemik gewesen. Die Kenntnis des Griechischen war dem Abendlande übermittelt worden durch byzantinische Gelehrte, und von diesen hatte man auch die neugriechische Aussprache adoptiert, deren hauptsächlichste Eigentümlichkeiten sind, daſs die Zeichen ι η υ ει οι υι wie *i*, ε und αι wie *ä*, αυ und ευ wie *aw ew* resp. *af ef*, θ und δ wie scharfes und weiches englisches *th*, β wie *w*, γ wie sächsisches *g* in *Tage* und *Segen*, ζ wie weiches *s* gesprochen wird.[1]) Allmählich wurde man gegen die Richtigkeit dieser Aussprache, namentlich derjenigen der Vokale und Diphthonge, miſstrauisch und suchte die ursprüngliche Aussprache wiederherzustellen, wobei man sich teils durch allgemeine theoretische Erwägungen, teils durch bestimmte Anhaltspunkte in der klassischen Litteratur leiten lieſs: die neue Theorie der griechischen Aussprache, welche dadurch eine mächtige Unterstützung erhielt, daſs Erasmus sie, wenngleich in oberflächlicher scherzhafter Weise, empfahl[2]) (woher dann diese Art der Aussprache die Erasmianische genannt wurde), gewann trotz heftigen Widerstandes der Verteidiger der überlieferten Aussprache allmählich das Feld und herrscht jetzt fast überall auſser in Griechenland selber. Freilich in einer durch die Bequemlichkeit depravierten Form. Die Grundidee war: jedes Zeichen muſs einen besonderen Laut ausdrücken, Doppelzeichen einen Doppellaut. Da nun η die Länge von ε darstellt, so hat es nicht den Laut *i* sondern *ē*; die Diphthonge ει αι οι υι sind als Kombinationen von *e + i, a + i, o + i, y + i* auszusprechen, die Diphthonge αυ ου ευ als Kombinationen von *a + u, o + u, e + u*. An Stelle dessen ist, wenigstens in Deutschland, die Praxis getreten, den griechischen Zeichen einfach den Lautwert unserer Zeichen unterzuschieben; wir sprechen ει wie unser *ei*, d. h. faktisch wie *ai*, ευ und οι wie unser *eu*, d. h. wie *äü*, während wir für ου, da uns diese Zeichenverbindung fehlt, die neugriechische Aussprache *u* adoptiert haben. Daſs diese bei uns übliche Aussprache unrichtig sei, ist allgemein anerkannt: es handelt sich nur darum, ob es sich verlohnt sie zu ändern und was eventuell dafür einzusetzen sei, und darüber ist auch in unserem Jahrhundert verschiedentlich debattiert worden. Diese Frage von neuem aufzuwerfen, erscheint aber gerade jetzt zeitgemäfs, wo man korrekte Aussprache der neueren Sprachen durch den Schulunterricht zu erzielen eifrig bemüht ist und zu diesem Zweck sogar die Lautphysiologie heranzieht[3]), und wo man auch an eine Reform der lateinischen Aussprache ernstlich zu denken scheint.[4]) Den unmittelbaren Anstofs zur Behandlung dieser Frage hat mir das Erscheinen eines Buches von Eduard Engel[5]) gegeben, in welchem die neugriechische Aussprache wieder einmal einen leidenschaftlichen Verteidiger gefunden hat.

Nicht etwa, dafs ich Ihnen dieses Buch zu anderer als erheiternder Lektüre empfehlen möchte. Dem Verfasser fehlt es zu sehr sowohl an Kenntnissen als an methodischer Schulung, um in dieser schwierigen Frage überhaupt mitsprechen zu können[6]), und wenn er sich trotzdem auf das hohe Pferd setzt und den Philologen Unwissenschaftlichkeit, Borniertheit und dergleichen mehr in den kernigsten Kraftausdrücken vorzuwerfen nicht müde wird, so kann das eben nur erheiternd wirken. Aber er unterscheidet sich von seinen Vorgängern dadurch, dafs er sich nicht an die Philologen wendet um sie zu überzeugen, sondern an das grofse wissenschaftlich gebildete und an der Schule Anteil nehmende Publikum um es zu überreden. Das reizte mich, den Versuch zu machen, ob es mir gelingen würde, denselben Stoff vor einem gleichen Publikum kurz, anschaulich und objektiv so zu behandeln, dafs auch der Nichtphilologe eine klare Einsicht gewinne, um was es sich handelt und auf was es ankommt. Eine solche Orientierung wird aber, glaube ich, auch manchem Philologen erwünscht sein; denn bei der heutigen Arbeitsteilung in der Wissenschaft ist nicht jeder Philologe in der Lage, dem Fortschritt derselben auf allen Gebieten zu folgen, und das treffliche Buch von Blafs über die griechische Aussprache[7]), auf welches ich zu genauerer Informierung verweise, ist so streng esoterisch gehalten, dafs es nur für engere Fachgenossen bequem zu benutzen ist.

Übrigens handelt es sich hier keineswegs ausschliefslich um die Wissenschaft. Es ist eine praktische Frage, die wir behandeln, und es ist gerade ein Hauptfehler Engels, dafs er fortwährend Wissenschaft und Praxis verwechselt. Aber freilich darf die Praxis von der Wissenschaft nicht getrennt werden:

um die Frage zu beantworten, welche Aussprache wir auf der Schule lehren sollen, müssen wir uns erst darüber klar werden, was die Wissenschaft von der Aussprache weifs.

Und hier hat mir Herr Engel wiederum eine Anregung gegeben. Er fragt unaufhörlich: „Woher wissen die Erasmianer das?" Er sagt: „Welche Mittel besitzen wir, um auch nur eine Ahnung von der Aussprache einer Sprache, lebenden wie toten, zu kriegen? — Die Schrift?! Was sagt mir ein stummes Schriftzeichen?" Eine kindliche Frage, zu deren Beantwortung nur Kenntnisse gehören! Aber die Fragen der Kinder sind für den Erwachsenen, so lästig sie ihm auch häufig fallen, doch auch mitunter recht nützlich. Er wird dadurch gezwungen, sich über manche Dinge Rechenschaft zu geben, die er sonst als selbstverständlich ansieht, und das ist immer gut, denn dadurch wird der geistige Besitz zu einem bewufsten. So ist es auch für den Gelehrten ganz gut, wenn er mitunter durch die verblüffende Frage eines Laien: „Woher weifst du denn das?" dazu veranlafst wird, sich einmal wieder zu vergegenwärtigen, auf welchen Grundlagen sein Wissen beruht, das Wissen, welches für ihn meist schon zum Handwerkszeug geworden ist, mit dem er weiteres Wissen erobert. Und daher wird es auch Ihnen vielleicht nicht unangenehm sein, wenn ich hiervon ausgehe, wenn ich Ihnen zuerst die Hilfsmittel aufweise, welche die Philologie hat, um die Aussprache des alten Griechisch zu erkennen, wenn ich Ihnen dann an einem einzelnen Beispiele in grofsen Zügen die Methode zeige, welche die Wissenschaft anwendet, um mit jenen Hilfsmitteln sichere Resultate zu erzielen, und dann nach einem kurzen Überblick über das, was wir von der Aussprache der einzelnen Laute wissen, zu der praktischen Frage nach der Aussprache in unseren Schulen übergehe.

Ich will ganz ohne jede Voraussetzung beginnen. Woher wissen wir, welche Laute die alten Griechen mit den Buchstaben ihres Alphabetes bezeichneten? Die Schriftzeichen selbst sind stumm. Das geben wir Herrn Engel vorläufig zu. Müssen wir aber nun mit ihm und anderen Verfechtern der neugriechischen Aussprache weiter folgern, nur die mündliche Überlieferung lehre uns den Lautwert jener Zeichen, mithin sei diese der höchste Richter in Fragen der Aussprache? Das wäre doch wohl eine zu rasche Folgerung. Dafs unser Wissen vom Altertum überhaupt in erster Linie auf der Tradition beruht, ist ja selbstverständlich. Wenn die lateinische Sprache nicht das ganze Mittelalter hindurch in Gebrauch geblieben wäre, so sollte es uns schwer werden, sie aus den Buchstaben allein herauszulernen. Und ebenso steht es mit dem Griechischen. Aber schon wenn wir die Überlieferung für die eine der beiden Sprachen hätten, so würden wir, natürlich mit Aufwendung grofser Mühe, in der Lage sein, die andere zu entziffern, da Entlehnungen und Übersetzungen aller Art uns genügende Hilfsmittel an die Hand geben würden. Die Tradition hat uns aber auch nur die erste Grundlage zu unserer Kenntnis des Altertums gegeben, auf der wir dann mit eigner Forschung weitergebaut haben. Wenn unsere Kenntnis der griechischen Sprache und des griechischen Altertums auf das beschränkt geblieben wäre, was die griechischen Gelehrten des 15. Jahrhunderts nach dem Abendlande brachten, so würde es damit recht traurig aussehen. Und ähnlich steht es mit der Tradition der Aussprache, ja noch schlimmer. Denn diese Tradition widerspricht sich häufig selbst. Wir haben ja nicht nur eine Tradition, sondern mehrere, nämlich aufser der überlieferten Aussprache der Neugriechen die überlieferte Aussprache der griechischen Lehnworte des Lateinischen. Für die Tradition der lateinischen Aussprache dürfen wir doch wohl dasselbe Recht in Anspruch nehmen, wie für die des Griechischen; das Lateinische ist das ganze Mittelalter hindurch eine lebende Sprache gewesen — denn anders kann ich ihre Bedeutung als internationale Sprache der Geistlichkeit, der Juristen und Staatsmänner nicht auffassen — und so ist seine Aussprache mündlich zu den Humanisten, und dann bis zu uns überliefert. Aber — da sieht man recht deutlich, was man auf die mündliche Überlieferung geben darf — nicht einmal die Aussprache des Lateinischen ist in allen Ländern gleich, sondern national gefärbt. Wem soll man nun glauben? Das altgriechische κοιμητήριον sprechen die Neugriechen *kjimitirion*, das daraus entnommene lateinische *coemeterium* sprechen wir *tscemeterium*, die Italiener *tschemeteriumme.* Welche Überlieferung ist die getreue? Oder einige andere beliebig herausgegriffene Beispiele: ὑποτείνουσα neugriechisch ausgesprochen *ipotinusa*, lateinisch *hypotenusa;* ὑποθήκη neugriechisch ausgesprochen *ipothiki* mit dem Laut des englischen harten *th*, lateinisch *hypotheca* mit der Tenuis; Δημήτριος neugriechisch *Dimitrios* mit dem Laut des weichen englischen *th*, lateinisch *Demetrius* u. s. w.

Dergleichen mufs doch schon gegen die Überlieferung mifstrauisch machen. Nun kommt hinzu, dafs die Zeichen keineswegs so stumm sind, wie sie scheinen. Auch für einen ganz voraussetzungslosen Betrachter sprechen sie ganz laut und vernehmlich zunächst das aus, dafs die neugriechische Aussprache wenigstens zu jener Zeit noch nicht herrschend war, als die Griechen mit Buchstaben zu schreiben anfingen. Das Neugriechische hat für den Laut *i* sechs Zeichen, nämlich ι η υ ει οι υι, für den Laut *e* zwei, ε und αι, für den Laut *o* zwei, ο und ω, dabei sind ε und αι, ο und ω nicht etwa durch die Quantität unterschieden, denn Quantitätsunterschiede der Vokale kennt das Neugriechische überhaupt nicht, oder vielmehr alle Vokale sind kurz, aufser wenn sie den Accent tragen, durch den sie lang werden. Sollten die alten Griechen wirklich damals, als sie ihr Alphabet von den Phönikiern entnahmen, für einen und denselben *i*-Laut sechs verschiedene Zeichen gesetzt haben? Und was sollte sie veranlafst haben, einen einfachen Laut, für den sie aufserdem ein einfaches Zeichen oder gar mehrere hatten, auch noch mit einem doppelten zu bezeichnen, das aus zwei einfachen zusammengesetzt ist, also den *e*-Laut mit αι neben ε, den *i*-Laut mit ει οι υι neben ι η υ? In der That ist diese Annahme so durchaus unwahrscheinlich, dafs selbst ein so eifriger Verteidiger der neugriechischen Aussprache wie Rangabé[5]) zugesteht: „Dafs η in der ältesten Periode der Sprache sich nicht von ι unterschieden habe, wird niemand behaupten" oder: „Es mufs richtig sein, dafs dort wo die phönikischen Buchstaben von den Griechen zuerst aufgenommen wurden, jedes Zeichen seine Aussprache, also jeder Diphthong die Verschmelzung zweier Laute vernehmen liefs"; und eben derselbe schliefst aus dem Vorkommen des Zeichens Η für den Spiritus asper in den ältesten Inschriften, „dafs es

Zeiten und Gegenden in Griechenland gegeben hat, in welchen dieses Zeichen wirklich ausgesprochen war," während es bekanntlich im Neugriechischen nicht ausgesprochen wird. Es darf also als zugestanden und ausgemacht gelten — ich ziehe den Schluſs in der vorsichtigsten Form —, daſs zu der Zeit, als die Griechen das phönikische Alphabet einführten, also etwa im neunten Jahrhundert[9]) vor Chr., eine Anzahl von Zeichen nicht den Laut ausdrückten, den sie jetzt im Neugriechischen bezeichnen; und dies Ergebnis ist, so bescheiden es scheint, doch principiell wichtig, weil dadurch die Tradition einen zweiten Stoſs erhält und mit Sicherheit festgestellt wird, daſs die bis heute durch mündliche Tradition überlieferte Aussprache nicht von jeher geherrscht hat, daſs die Aussprache des Griechischen sich im Laufe der Zeiten geändert hat; ein Ergebnis, welches niemanden überraschen kann, der sich überhaupt mit wissenschaftlicher Sprachforschung beschäftigt und aus ihr gelernt hat, daſs die Laute in fortwährendem, bald rascheren, bald langsameren Fluſs sind.

„Ja," sagen nun die Verteidiger der Tradition, „wir geben zwar zu, daſs in grauen Zeiten einmal Unterschiede in dem Lautwert von η ι υ, von ε und αι vorhanden gewesen sind: welches aber diese Laute waren, das zu sagen wird jetzt niemand mehr im stande sein; wir geben zu, daſs die Aussprache in jener Zeit nicht dieselbe war als die heutige, aber wie sie in der That war, wissen wir nicht." Es liegt mir nun ob Ihnen zu zeigen, daſs wir das in der That wissen können und mit welchen Mitteln wir zu diesem Wissen gelangen.

Um jedoch jedes Miſsverständnis zu vermeiden, schicke ich voraus, daſs dieses Wissen natürlich nur ein approximatives sein kann. Bei der unendlichen Mannigfaltigkeit der menschlichen Sprachlaute, der unendlichen Menge feiner Nuancierungen, welche möglich sind und faktisch vorkommen, wäre es vermessen zu behaupten, daſs man die Aussprache einer toten Sprache mit derselben Genauigkeit wiedergeben könnte wie die einer lebenden. Doch werden Sie sehen, daſs wir zum Teil eine sehr groſse Genauigkeit in der Bestimmung des Lautes erreichen können; wenn dies nicht überall in gleichem Grade möglich ist, und unser Wissen manchmal ein etwas unsicheres bleibt, so ist das die Folge der Mangelhaftigkeit oder Lückenhaftigkeit der gerade in diesem Falle uns zu Gebote stehenden Quellen oder Hilfsmittel.

Unter den Hilfsmitteln zur Erkenntnis der griechischen Aussprache hat man von jeher als ein besonders gewichtiges angesehen das Zeugnis des Lateinischen, d. h. den Schlufs den man aus der Schreibung griechischer Worte im Lateinischen und umgekehrt lateinischer im Griechischen ziehen kann. Aber dieses Mittel hat doch nur sehr bedingten Wert: ja, wenn wir uns auf den Standpunkt völliger Voraussetzungslosigkeit stellen, so gut wie gar keinen. Denn was wissen wir denn von der Aussprache des Lateinischen? gerade so viel wie von der des Griechischen. Solange also, als wir nicht nachgewiesen haben, dafs und mit welchen Mitteln man die Aussprache dieser Sprachen nachweisen kann, so lange bleibt die Aussprache des Lateinischen für uns eine ebenso unbekannte Gröfse als die des Griechischen; wir würden nur eine unbekannte Gröfse durch eine andere ersetzen.[10]) Aufserdem ist dabei die schwierige Frage in Betracht zu ziehen, welche Wörter des Lateinischen wirklich aus dem Griechischen stammen oder etwa gemeinsames Erbgut sind[11]), und in welcher Zeit die Wörter aus dem Griechischen entlehnt sind; und in der grofsen Mehrzahl der Fälle würde das Lateinische ohnedies nur für die Aussprache des Griechischen in der Zeit des Verfalls beweisend sein.

Ähnlichen Beschränkungen unterliegt der Wert eines zweiten Mittels für Erkenntnis der griechischen Aussprache, nämlich der ausdrücklichen Angaben der Grammatiker. Die Bedeutung der geistigen Arbeit dieser Männer und ihr eminenter Wert für unsere Kenntnis des Altertums wird von den Laien gewöhnlich weit unterschätzt, ja man hört sogar sehr oft in wegwerfendem Tone von den alexandrinischen Grammatikern reden, während die Philologie unserer Zeit emsig bestrebt ist, die Werke dieser Gelehrten zu rekonstruieren und dabei einen immer gröfseren Respekt vor ihnen gewinnt. Aber das Schlimme ist eben, dafs wir uns diese Werke erst rekonstruieren müssen und dafs das doch nur in sehr fragmentarischer und häufig nicht zweifelloser Weise gelingt. Von Originalwerken griechischer Grammatiker aus der Blütezeit dieser Disciplin ist uns fast nichts erhalten, unsere Kenntnis schöpfen wir meist aus Scholien, Lexicis und dürftigen grammatischen Traktaten der Byzantinerzeit, in denen, durch lange und nicht immer saubere Kanäle abgeleitet, Brocken der alten Gelehrsamkeit zusammengeflossen sind, von sehr verschiedenem Wert, von sehr verschiedener Güte der Erhaltung, und meist namenlos. Da ist es denn ein sehr mühsames Werk, diese Fragmente ihren Urhebern zuzuweisen: einen sicheren Anhalt geben nur diejenigen, die mit ausdrücklicher Angabe des Namens überliefert sind; aus deren Charakter und Eigenart schliefst man auf die übrigen, und vieles bleibt unsicher. Und dabei führen uns diese Fragmente doch nur auf die Zeit der Blüte der Grammatik zurück, also die Zeit etwa von 250 vor Chr. bis 200 nach Chr. Sie beweisen uns nichts für die Sprache der eigentlich klassischen Zeit der griechischen Litteratur. Die griechischen Grammatiker konnten von der Aussprache früherer Zeiten nichts wissen, für sie waren die Zeichen in der That stumm, da ihnen die Mittel abgingen, sie zum Reden zu bringen. Aber sie hatten auch kein sonderliches Interesse daran: die Lautlehre spielte bei ihnen eine sehr untergeordnete Rolle, wurde sehr oberflächlich behandelt, und daher sind Bemerkungen der Art, dafs sie für uns Wert haben, meist nur beiläufig und bedürfen erst unserer Interpretation. Solche Bemerkungen bieten uns übrigens nicht nur die eigentlichen Grammatiker, sondern auch andere Schriftsteller. Die Kenntnis der Grammatik war in späterer Zeit selbstverständliche Voraussetzung höherer Bildung, aber auch schon vor der Ausbildung der eigentlichen Grammatik haben sich Philosophen und Lehrer der Beredsamkeit mit grammatischen Fragen beschäftigt. Bei der Wertschätzung solcher Notizen werden wir nun immer die Zeit, die Heimat, die Bildung und die Tendenz des betreffenden Schriftstellers in Betracht ziehen müssen und daraus die möglichst vorsichtigen Schlüsse ziehen. Wenn z. B. der skeptische Arzt und Philosoph Sextus Empiricus in seiner Schrift adversus grammaticos [12]), in der er sich bestrebt, die Theorieen der Grammatiker ad absurdum zu führen, ausdrücklich αι ει ου als φθόγγοι μονοειδεῖc und cτοιχεῖα bezeichnet, so ist das natürlich ein Beweis, dafs er sie nicht diphthongisch sprach, sondern wie *a̍ i u*. Aber wann lebte er, wo war er her? das wissen wir nur ungefähr dahin zu beantworten, dafs er in der ersten Hälfte des 3. Jahrhunderts nach Christus als Schriftsteller thätig war und vielleicht aus Afrika stammte. Das beweist also herzlich wenig für die Aussprache des Griechischen überhaupt; im besten Fall für die Aussprache im 3. Jahrhundert nach Christus in gebildeten Kreisen, vorausgesetzt, dafs der Mann nicht seine afrikanischen Idiotismen mitbrachte. Wichtiger wäre das Zeugnis byzantinischer Grammatiker, welche Wörter mit ε und αι, also z. B. παῖδες πέδαι, κενός καινός so unterscheiden, dafs sie sagen, die einen würden διὰ τοῦ ε ψιλοῦ, die anderen διὰ τῆς αι διφθόγγου geschrieben[13]), für den Gleichklang von ε und αι im 2. Jahrhundert nach Christus in den Kreisen der fein und gelehrt gebildeten Griechen in Alexandria und Rom, wenn dieselben in der That aus den Schriften des berühmten und hochbedeutenden Grammatikers Herodian entnommen wären, was von einem hervorragenden Kenner der griechischen grammatischen Litteratur und des Herodian speciell behauptet, von anderen geleugnet wird.[14]) Dagegen schliefst jeden Zweifel aus, was Dionysios von Halikarnafs, der eifrige Bewunderer und Förderer rein attischer Sprache zur Zeit des August, also in der zweiten Hälfte des 1. Jahrhunderts vor Christus, sagt, die Zusammenstellung der Worte καὶ ᾿Αθηναίων bei Thukydides sei hart, weil die Laute des ι und des α sich nicht mischen könnten.[15]) Daraus geht hervor — ich bin wieder so vorsichtig und voraussetzungslos wie möglich bei der Schlufsfolgerung —, dafs man damals in der guten Gesellschaft der fein gebildeten Griechen, welche sich bestrebten, an Stelle des aus dem attischen Dialekt abgeleiteten, aber im Laufe der Jahrhunderte arg depravierten Gemeingriechisch (der sog. κοινή) das echte alte Attische zu setzen, das αι noch diphthongisch sprach.

Solche direkte Zeugnisse, welche einfache Thatsachen mitteilen, sind äufserst schätzenswert; dagegen sind gänzlich wertlos die so sehr beliebten und massenhaft erhaltenen Etymologieen. Von Lautgesetzen hatte man keine Ahnung, und so beruhen die Etymologieen auf einer Kombination von zufälligem äufseren Anklang und einer gewissen Ähnlichkeit der Bedeutung, wobei uns aber zum Teil ganz Unglaubliches zugemutet wird. Alle möglichen Laute können in einander übergehen, Laute willkürlich eingefügt werden, und die Bedeutungsübergänge werden bei den Haaren herbeigezogen. Diesen Charakter tragen — der Natur der Sache nach — in noch höherem Grade die Etymologieen Platos im Kratylos, welche daher für die Aussprache der Zeit gar keine Beweiskraft haben. Als Beleg dafür, dafs Plato η wie *i* ausgesprochen habe, hat man sich z. B. berufen auf eine Stelle des Kratylos[16]), die ich in Übersetzung hier mitteile:

Sokr. ... Du weifst, dafs unsere Vorfahren das ι und das δ gern brauchten, namentlich die Weiber, welche die alte Aussprache am zähesten festhalten. Jetzt aber setzen sie an Stelle des ι entweder ε oder η, an Stelle des δ ein ζ, als ob das vornehmer wäre.

Herm. Wie so?

Sokr. Wie sie zum Beispiel in der ältesten Zeit den Tag ἱμέρα nannten, später ἐμέρα, und jetzt ἡμέρα.

Herm. So ist es.

Sokr. Weifst du nun, dafs nur jene alte Benennung den Gedanken des Namengebers kund giebt? weil nämlich den Menschen das Licht nach dem Dunkel zur Freude und Erfüllung ihrer Sehnsucht (ἱμείρουσιν) erschien, deshalb nannten sie es ἱμέρα.

Herm. Das ist klar.

Sokr. Jetzt aber, wo die ἡμέρα hochtönend aufgeputzt ist, versteht man kaum, was sie bedeutet.

Hier kann nur einer, der Plato und seine spielenden Etymologieen im Kratylos nicht kennt, die Behauptung, dafs ἡμέρα früher ἱμέρα gelautet habe, überhaupt ernst nehmen. Fügt Plato doch gleich hinzu: „jedoch meinen einige, der Tag sei so genannt, weil ἡ ἡμέρα ἥμερα ποιεῖ", womit er nur eine andere eigene Etymologie giebt. Die flüchtigsten Anklänge genügen ihm für seine Etymologieen; solche positive Behauptungen aber, wie die, dafs die Alten ἱμέρα gesagt hätten, sind nur plastische Einkleidungen seiner etymologischen Phantasieen wie die Mythen seiner theosophischen.

Beweisender als solche Etymologieen, aber auch manchmal beweisender als ausdrückliche oder beiläufige Angaben sind mitunter Spielereien, absichtliche Zweideutigkeiten, reimende Lautanklänge und dergl. Doch auch hier mufs man in seinen Schlüssen sehr vorsichtig sein. Viel ausgenutzt sind von den Freunden der neugriechischen Aussprache namentlich zwei Beispiele der Art. Das erste findet sich bei Thukydides im zweiten Buch.[17]) Hier erzählt er bei Gelegenheit der Beschreibung der Pest, man habe sich damals eines alten Orakelspruchs erinnert: ἥξει Δωριακὸς πόλεμος καὶ λοιμὸς ἅμ' αὐτῷ, und sich gestritten, ob λοιμός oder λιμός gemeint sei: infolge der gerade obwaltenden Umstände habe die Auffassung, es sei λοιμός gemeint, den Sieg behalten, „sollte aber," setzt er hinzu, „später wieder einmal ein dorischer Krieg ausbrechen und Hungersnot eintreten, so würde man wahrscheinlich die Weissagung darnach umdeuten". Daraus geht allerdings meines Erachtens das hervor, dafs der Diphthong οι damals in Athen nicht so gesprochen worden sein kann, wie wir ihn sprechen, sondern dafs er dem ι näher lag (und dafs das in der That der Fall war, werden wir weiterhin sehen), es folgt aber nicht völlige Gleichheit in der Aussprache von οι und ι.

Ein anderes viel besprochenes Wortspiel findet sich in einem Epigramm, welches dem Kallimachos zugeschrieben wird.[18]) Hier lauten die beiden letzten Verse:

Λυσανίη, σὺ δὲ ναίχι καλὸς καλός — ἀλλὰ πρὶν εἰπεῖν
τοῦτο σαφῶς, Ἠχώ φησί τις· „Ἄλλος ἔχει".

Hier ist es unzweifelhaft, dafs die Worte ἄλλος ἔχει das Echo von ναίχι καλός sein sollen, dafs also der Verfasser αι wie ε, ει wie ι sprach. Aber wer war der Verfasser? Das Distichon hat mit den vorhergehenden Versen, mit denen zusammen es überliefert ist, gar keinen Zusammenhang und pafst gar nicht zu ihnen. Da überdies ein so albernes Echo, welches die Worte umdreht, einem feinen Dichter wie Kallimachos kaum zuzutrauen ist[19]), und da wir aus anderen unzweifelhaften Indicien mit Sicherheit schliefsen können, dafs zur Zeit des Kallimachos in Alexandria in guter Gesellschaft zwar vielleicht schon ει wie ι, aber keinesfalls αι wie ε gesprochen worden ist,[20]) so ist die Annahme einiger Gelehrten[21]) höchst wahrscheinlich, dafs diese beiden Verse gar nicht von Kallimachos stammen. Dann aber sind sie herrenlos und beweisen nichts. Aber auch wenn sie von Kallimachos wären, so würden sie im besten Falle nur beweisen, dafs in Alexandria um die Mitte des 3. Jahrhunderts v. Chr. αι wie ε, ει wie ι gesprochen wurde (und auch in diesem Falle könnte man noch an einen von Kallimachos aus seiner Vaterstadt mitgebrachten Provinzialismus denken): es wäre damit noch nichts bewiesen für andre Centren der Bildung wie Athen und etwas später Pergamon.

Das Echo führt uns auf die Nachahmung von Naturlauten durch die menschliche Stimme, und die Wiedergabe solcher Nachahmungen durch die Schrift. Solche Nachahmungen können für die Bestimmung der Aussprache einen grofsen Wert haben, aber doch nur in seltenen Fällen. Denn wenn der Naturlaut nicht einem klaren und reinen menschlichen Laut genau oder fast genau entspricht, so wird er von verschiedenen verschieden gehört und wiedergegeben werden. Daher sind als gänzlich wertlos auszuscheiden Nachahmungen rein elementarer Schälle ebensowohl als des Klanges von Musikinstrumenten. Das Rollen des Donners, das Brausen oder Heulen des Windes, das Plätschern des Wassers läfst sich in artikulierten menschlichen Lauten (und nur diese sind durch die Schrift fixierbar) ebensowenig genau nachahmen, als das Ορεττανελό des Philoxenos, das τήνελλα des Archilochos und das μυμῦ des Aristophanes[22]) uns den Klang der Kithar und Flöte auch nur einigermafsen zu vergegenwärtigen im stande sind. In Betracht kommen können für uns nur Laute, welche in ähnlicher Weise wie die menschlichen Laute, durch ungefähr dieselben Schallwerkzeuge hervorgebracht werden, d. h. die Stimmen der Tiere.[23]) Und auch hier wird man sehr unterscheiden müssen. Nicht alle Tierstimmen sind der Art, dafs sie von allen in gleicher Weise gehört werden müssen. Das Mautzen der Katze, das Gebell des Hundes, das Brüllen des Ochsen sind in den Lauten so unbestimmt, und aufserdem individuell zum Teil so verschieden, dafs der einen groben Fehler begehen würde, der etwa aus unserem *muh* schliefsen wollte, die Griechen hätten in μυκάομαι das υ wie *u* gesprochen, oder aus unserem *wau*

wau, das αὖ des Hundes in Aristophanes' Wespen habe *hau* gelautet. Aber es giebt auch Laute in den Tierstimmen, die unverkennbar sind, und in der That überall in der Wiedergabe derselben wiederkehren: so das *kar* oder *kra* der Krähe (κόραξ κορώνη *corvus cornix krá*), das *kucku* des Kuckucks (wobei der Vokal allerdings etwas unklar bleibt, aber zwischen *o u ū* schwankt), das *gr* beim Schwein (γρύζειν, *grunnire, grunzen*); und die Griechen waren feine Beobachter. Das βρεκκεκὲξ κοὰξ κοὰξ des Aristophanes giebt das Geschrei des gewöhnlichen grünen Wasserfrosches (rana esculenta) unvergleichlich viel getreuer und charakteristischer wieder als unser *quak quak*[24]), und ebenso kopiert sein τιὸ τιὸ τιὸ τιὸ τίξ, sein ἰὼ ἰὼ ἰτὼ ἰτὼ ἰτώ das Flöten der Nachtigall viel getreuer als das *zikūth zikūth* unseres Märchens. Daher dürfen wir wohl ein Gewicht darauf legen, dafs der Komödiendichter Kratinos die Schafe βῆ βῆ sagen läfst. Natürlich mufs man dabei das Unwesentliche abziehen; bei dem Froschgesang des Aristophanes ist dem griechischen Auslautgesetz zu liebe das eigentlich schliefsende κ zu ξ gewandelt, und auch das βρ ist willkürlich; und das βῆ βῆ des Kratinos könnte ebensowohl μῆ μῆ lauten (wie denn das Verbum μηκάομαι heifst); das Wesentliche ist dort die Zusammenstellung der Vokale und des *k*-Lautes, hier nur der Vokal.

Solche Kriterien, welche äufserst vorsichtig zu behandeln sind, nur in seltenen Fällen positiv etwas beweisen, durch scharfsinnige Kombination allerdings schon zum Teil recht hübsche Resultate, aber doch immer nur sporadisch, ergeben konnten, waren es, worauf in der Hauptsache die Wissenschaft bis vor etwa 50 Jahren angewiesen war. Es kamen noch hinzu grammatische Erwägungen und Schlüsse aus Schreibfehlern der Handschriften und Inschriften; aber die Beweiskräftigkeit dieser letzten beiden Kriterien wurde wesentlich beeinträchtigt durch die Mangelhaftigkeit der Kenntnis, Einsicht und Methode auf beiden Gebieten.

Gerade hier liegt nun das Verdienst und die epochemachende Bedeutung der neueren philologischen Richtung, die in der Hauptsache ein Erzeugnis deutschen Geistes ist und Deutschland auch auf diesem Gebiete zur führenden Nation gemacht hat. Unsere Kenntnis des Altertums überhaupt, und vor allem auch seiner Sprache ist seitdem eine ganz andere tiefere und umfassendere geworden, und so sind wir auch in der Lage, die Frage nach der Aussprache der alten Griechen mit ganz anderer Genauigkeit beantworten zu können, als es früher möglich war. Drei Faktoren sind es, welche den gewaltigen Fortschritt der Philologie in unserem Jahrhundert veranlafst haben. Erstens die strenge kritische Methode der Forschung, welche zu einer bewufsten nach Regeln ausgeübten lern- und lehrbaren Kunst geworden ist und von jedem erlernt und gehandhabt werden mufs, der selbständig wissenschaftlich arbeiten will. Diese Methode der Kritik wurde zuerst ausgebildet an den Texten der Schriftsteller, und namentlich Karl Lachmann war es, der sie hier zu höchster Vollendung brachte und ein fruchtbarer Lehrer derselben wurde; dann aber ward sie übertragen auf jede Art der Forschung und ist jetzt Gemeingut der Wissenschaft. Zweitens die historische Auffassung, welche jede Erscheinung in ihrem ursächlichen Zusammenhang zu erfassen, welche das Werden und die Entwickelung zu erkennen sucht. Diese Richtung, welche ja auch die Naturwissenschaften unserer Zeit beherrscht, wurde in der Philologie zur Geltung gebracht auf dem Gebiet der Altertumswissenschaft im engeren Sinne, d. h. der Erkenntnis des staatlichen und gesellschaftlichen Lebens des Altertums, hauptsächlich durch Boeckh: auf dem Gebiet der Sprachwissenschaft gab den Anstofs vor allem Jakob Grimm, dann Franz Bopp, und es entwickelte sich die historische Grammatik, welche man, wenn sie durch Vergleichung verwandter Sprachen frühere Sprachzustände zu erkennen sucht, Sprachvergleichung nennt. Der dritte Faktor endlich ist die Aufschliefsung der klassischen Erde, namentlich Griechenlands. Unermüdlich wurde der griechische Boden durchwühlt, immer systematischer wurden die Ausgrabungen unternommen, und wie reich diese Mühe belohnt wurde, das ist ja heute jedermann bekannt. Kunstwerke und Urkunden entstiegen in Menge der Erde, unschätzbar für uns als zeitgenössische und daher zuverlässige Zeugen einer Zeit, die uns sonst nur durch die Berichte der Litteratur, also durch die (stets mehr oder weniger unzuverlässige oder lückenhafte) Tradition, bekannt war. Für die Kenntnis der Sprache handelt es sich natürlich speciell um die Inschriften, und die reiche Fülle von Inschriften, die allmählich aufgedeckt wurden, ist in der That für unser Wissen von der griechischen Sprache von gröfster und einschneidendster Bedeutung geworden, namentlich nachdem man gelernt hatte, die Inschriften kritisch zu sichten und zu vergleichen und daraus die richtigen Schlüsse zu ziehen. Die frühere Zeit hatte zwar auch Inschriften gekannt, aber ihr fehlte eben noch die kritische Methode und der historische Gesichtspunkt: — jetzt entwickelte sich eine besondere Wissenschaft, die Epigraphik. Man lernte aus den verschiedenen Formen der Buchstaben das Alter der Inschriften zu erkennen, man verfolgte die Veränderungen in der Form der Schriftzeichen von der jüngsten bis in die älteste Zeit, aus der uns Inschriften erhalten sind, man sah, dafs in dieser ältesten Zeit verschiedene Buchstabenformen in verschiedenen Gegenden üblich sind, die doch auf eine Grundform zurückgehen, man sah, dafs dieselben Zeichen in verschiedenen Zeiten und Gegenden anders verwendet werden, man sah, dafs die Schreibung mitunter willkürlich gewechselt wird — kurz es entstand die Geschichte der Schrift.[25]) Aber die Schrift läfst sich nicht vom Laut trennen. Das Schriftzeichen bezeichnet einen Laut, und so wurde man dadurch mit Notwendigkeit auf die griechischen Laute hingeführt, man schlofs aus der verschiedenen Verwendung derselben Zeichen, aus der Aufnahme neuer u. s. w. auf den Lautwert derselben. Dabei wurde man wesentlich unterstützt durch die Entwickelung der historischen griechischen Grammatik, und diese ihrerseits stützt sich wieder wesentlich auf die Inschriften. Die Inschriften geben nicht nur ein treues Bild von den allmählichen Lautwandelungen im attischen Dialekt und der daraus abgeleiteten allgemeinen Schrift- und Umgangssprache: sie zeigen uns auch die mundartlichen Einflüsse in verschiedenen Gegenden: sie lehren uns vor allem die Mundarten in ihrem ursprünglichen reinen Bestande kennen. Die Inschriften haben uns griechische Mundarten erschlossen, von denen litterarische Denkmäler nie vorhanden gewesen sind und von deren Existenz wir vorher kaum etwas wußten, wie von der thessalischen, der arkadischen, der kyprischen, der elischen, sie haben uns von den Mundarten, die wir durch die Grammatiker oder durch erhaltene Texte schon einigermaßen kannten, wie der ionischen, der lesbischen, der böotischen, eine genauere und zuverlässige Vorstellung gegeben. Durch die Vergleichung dieser Mundarten mit der gleichfalls durch die Inschriften genauer erkannten attischen sowie mit der älteren Sprachform, in der die homerischen Gedichte überliefert sind, und dann weiter mit den verwandten Sprachen, indem zugleich die Resultate der allgemeinen Sprachwissenschaft über die Gesetze des Lautwandels überhaupt berücksichtigt wurden, ergab sich nun ein Bild von der Entwickelung der griechischen Sprache, speciell des griechischen Lautsystems, welches allmählich immer klarer und deutlicher, immer mehr bis in alle Einzelheiten hinein erkennbar wurde. Wir sind infolge dessen jetzt im stande, die Laute der griechischen Sprache einerseits chronologisch von der Zeit der Trennung von den verwandten Völkern ab bis in die späte römische Kaiserzeit, ja die byzantinische Zeit hinein, andererseits räumlich in ihre Verästelungen in Dialekte und Dialektnuancen hinein zu verfolgen. Natürlich ist uns noch immer vieles verborgen und anderes kontrovers: aber das liegt in der Natur der Sache und im Begriff der Wissenschaft: wo nichts Neues mehr zu finden, kein Problem mehr übrig ist, da hört die Wissenschaft auf; aber es ist durch die Beschränktheit menschlichen Wissens und Könnens dafür gesorgt, daß es nicht dazu kommt. Einen sehr erklecklichen Schatz festen Wissens haben wir immerhin schon geborgen. Und nun erst ordnen sich jene mehr sporadischen Ergebnisse, die aus den vorher betrachteten Kriterien zu gewinnen sind, dem Ganzen ein und finden jetzt erst Halt und Zusammenhang.

In welcher Weise nun die Wissenschaft all diese Mittel anwendet, um ihre Resultate zu erzielen, davon will ich Ihnen jetzt ein Beispiel vorführen, und ich wähle dazu eben die Laute, welche vor allem ein Zankapfel gewesen sind und noch sind, nämlich die Vokale und Diphthonge, weil wir gerade hier zum Teil zu ganz zweifellosen Resultaten kommen können.

Wir gehen aus von dem βῆ βῆ der Schöpse bei Kratinos. Aber da wir ganz voraussetzungslos zu Werke gehen wollen, so müssen wir zunächst fragen: was wissen wir darüber und woher wissen wir das.

Kratinos, der grofse Vorläufer des Aristophanes und eigentliche Schöpfer der alten attischen Komödie, war Zeitgenosse des Perikles, den er jedoch überlebte. Von seinen Komödien ist nichts auf uns gekommen, als dürftige Fragmente, die von Grammatikern citiert werden. So wird auch von verschiedenen Grammatikern aus seinem Dionysalexandros folgender Vers angeführt:

ὁ δ' ἠλίθιος ὥςπερ πρόβατον βῆ βῆ λέγων βαδίζει

als Beleg dafür, dafs dies das μιμητικὸν τῆς τῶν προβάτων φωνῆς bei den Attikern sei.[26]) Die grammatischen Werke, in denen sich dies Citat findet, stammen alle aus byzantinischer Zeit, und von ihren Verfassern hat keiner ein Exemplar des Kratinos zu Gesicht bekommen, sondern sie haben das Citat aus älteren grammatischen Werken abgeschrieben. Und einer von ihnen, Eustathios, nennt auch seine Quelle, nämlich Aelios Dionysios.[27]) Das war ein gelehrter Grammatiker zur Zeit Hadrians, der aus der Sprache der alten attischen Klassiker ein besonderes Studium machte und ein Lexikon attischer Worte und Redensarten schrieb, das von den Späteren viel benutzt worden ist. Dieser also las entweder selbst in einem Exemplar des Kratinos das BH BH, oder entnahm das Citat seinerseits wieder einem älteren Werke, vielleicht der κωμικὴ λέξις des Didymos, einem sehr reichhaltigen Lexikon zu den attischen Komikern, das für eine grofse Anzahl uns erhaltener Notizen Quelle gewesen ist. Jedenfalls las man in römischer Kaiserzeit in den Handschriften des Kratinos BH BH. Aber hat er selbst so geschrieben? Das ionische Alphabet, in welchem das Zeichen H einen e-Laut bezeichnete, wurde in Athen erst 403, geraume Zeit nach dem Tode des Kratinos, officiell eingeführt; das bis dahin in den öffentlichen Urkunden gebrauchte altattische Alphabet verwendet das Zeichen H für den Hauchlaut (Spiritus asper) und hat für den kurzen wie langen e-Laut nur das eine Zeichen E. Also schrieb Kratinos selbst BE BE? Das folgt daraus nicht. Denn in Athen war es nicht wie bei uns, wo eine neue Orthographie von oben herab dekretiert und nun erst ins Leben eingeführt wird, sondern das Leben ging voran, der Staat folgte nach: der demokratische Staat war in seiner Praxis äufserst konservativ. Hat Athen doch auch die altertümlich unbeholfenen Münztypen noch bis in eine Zeit hinein beibehalten, wo die Kunst sich schon längst zu voller Freiheit und Schönheit durchgerungen hatte. So ist das ionische Alphabet, das als das entwickeltste und vollkommenste der verschiedenen in verschiedenen Gegenden gebräuchlichen Alphabete schon früh eine gewisse internationale Geltung bekommen zu haben scheint [28]), in Athen im Privatgebrauch längst eingebürgert gewesen, bevor der Staat sich entschlofs, es auch officiell einzuführen.[29]) Schon vor 432 benutzte Kallias in seiner wunderlichen ABC-Tragödie, in der er die einzelnen Buchstaben auftreten und sich selbst buchstabieren und syllabieren liefs, das ionische Alphabet: βῆτα ἄλφα βα, βῆτα εἰ βε, βῆτα ἦτα βη, βῆτα ἰῶτα βι, βῆτα οὖ βο, βῆτα ῦ βυ, βῆτα ὦ βω u. s. w.[30]), und Euripides liefs in seinem uns verlorenen Theseus, der früher zur Aufführung gekommen sein mufs als die 423 aufgeführten Wespen des Aristophanes, da in diesen eine Stelle aus ihm persifliert wird, einen des Schreibens Unkundigen die Schriftzüge des Namens Θηϲεύϲ so beschreiben, dafs das zweite Zeichen ein Eta ist; nämlich als zwei Linien, die von einer dritten auseinandergehalten werden.[31]) Auch in Inschriften, sowohl öffentlichen als privaten, finden sich seit 450, anfangs vereinzelt, später immer häufiger, ionische Schriftzeichen.[32]) Es ist daher durchaus nicht unwahrscheinlich, dafs Kratinos, dessen litterarische Thätigkeit ungefähr in die Jahre 460—424 fällt, sich in dem Manuskript seines Διονυϲαλέξανδροϲ des ionischen Alphabets bedient und BH BH geschrieben habe: aber auch wenn er noch das alte Alphabet brauchte und BE BE schrieb, so wurde das Ganze doch sicher in den für den Buchhandel bestimmten Exemplaren sehr bald in das ionische Alphabet umgeschrieben, und dabei für jenes BE ein BH gesetzt. Es ist somit unzweifelhaft erwiesen, dafs gegen Ende des 5. Jahrhunderts das Zeichen des ionischen Alphabets H in Athen den langen offenen e-Laut bezeichnete, also unser langes *ä* (in phonetischer Schreibung *ȩ* oder *ä*) oder französisches *è*.

Die Verwendung des Zeichens H für den Laut *ä* haben die Athener, wie gesagt, von den Ioniern übernommen. Nicht das Zeichen selbst. Dieses ist allen griechischen Alphabeten gemein, und aus dem phönikischen Alphabet entnommen. Aber wie es dort einen Hauchlaut ausdrückt (das Chet), so bezeichnet es auch in den meisten griechischen Alphabeten den Hauch, den wir Spiritus asper nennen. Auch im ionischen Alphabet hat es ursprünglich diese Funktion gehabt; aber da im ionischen Dialekt das *h* sich schon sehr früh verhaucht hatte, so erschien ein Zeichen dafür überflüssig, und man verwendete dasselbe nun zur Bezeichnung einer Nuance des *e*-Lauts, der bis dahin unterschiedslos mit E bezeichnet worden war. Schon die ältesten uns erhaltenen Inschriften in ionischem Alphabet, die Söldnerinschriften von Abu Simbl aus dem 7. Jahrhundert[33]) zeigen diese Übertragung fast vollendet: das B (denn dies ist die älteste Form des Zeichens) wird teilweise noch für den Spiritus gebraucht, teilweise bleibt derselbe unbezeichnet, daneben aber wird B stets gebraucht, wo wir jetzt η schreiben. Wodurch unterschied sich nun das E und das H (B) in der Aussprache? Sicher nicht nur durch die Quantität, so dafs mit E alle kurzen, mit H alle langen *e*-Laute bezeichnet wären. Denn für eine bestimmte Klasse langer *e*-Laute blieb das E konstant im Gebrauch. Es sind diejenigen, welche wir, der jüngeren attischen Orthographie folgend, mit ει bezeichnen, d. h. die durch Kontraktion aus ε + ε entstandenen, wie z. B. εἶχον aus ἐ-εχον, εἶπε aus ἐ-(ϝ)επε, ἐποίει aus ἐποιε-ε, und die Dehnungen aus kurzem ε, welche auf griechischem Boden, nach der Trennung in Dialekte, durch Schwund von Konsonanten (sog. Ersatzdehnung) veranlafst sind, wie in εἰμί aus ἐϲμι. Dafs diese E einen langen Vokal bezeichnen, geht aus ihrer Natur und ihrer metrischen Verwendung hervor, dafs sie nicht einen Diphthong, sondern einen einfachen *e*-Laut ausdrücken sollen, ist erstens schon aus der Art ihrer Entstehung zu schliefsen, folgt aber zweitens mit Sicherheit daraus, dafs sie von den EI sorgfältig unterschieden werden, da die Schreibung EI beschränkt ist auf diejenigen Laute, welche entweder durch sogenannte Steigerung aus *i* entstanden sind, wie in εἰδώς, oder aus ε + ι kontrahiert sind, wie δυνάμει aus δυναμε-ι, ἀτέλεια aus ἀτελε(c)-ια. Das E bezeichnete also aufser dem kurzen auch einen langen *e*-Laut. Wie klang dieser und wie unterschied er sich von dem durch H bezeichneten? Die Athener übernahmen, wie wir sahen, das ionische Alphabet mit dem Worte *æ* für H. Nun sehen wir, dafs in den Inschriften des ionischen Alphabets mit H bezeichnet werden erstens diejenigen langen *e*, die allen Dialekten gemeinsam sind, also aus der Zeit vor der Trennung in Dialekte stammen, dann aber diejenigen specifisch ionischen *e*, welche durch Kontraktion aus εα entstanden sind, wie ἦν aus ἐάν, oder welche infolge einer eigentümlich ionischen Lautaffektion aus langem *a* entstanden sind (infolge eines ähnlichen Lautübergangs, wie der, welcher aus germanischem *a* im Englischen einen *e*-Laut gemacht hat) und somit einem ἀ der anderen Dialekte entsprechen, wie δῆμος γενεή τριηκόςιοι, entsprechend einem δᾶμος γενεά τριακόςιοι in den anderen Dialekten. Die durch E bezeichneten langen *e*-Laute dagegen sind zwar auch erst auf ionischem Boden entstanden, aber aus reinem ε. Nun hatte aber das ε, wie wir aus vielen Anzeichen entnehmen können, nicht den Laut unseres kurzen *e*, d. h. einen offenen, sondern vielmehr einen geschlossenen, nach *i* zu klingenden, wie das heutige italienische kurze *e*. In vielen Dialekten geht das so weit, dafs ε vor Vokalen in *i* überzugehen pflegt, wie im böotischen, kretischen, lakonischen, kyprischen θιός für θεός.[34]) Somit werden wir zu dem Schlusse hingedrängt, dafs mit H das lange offene *e* (*ẹ* oder *æ*), mit E das kurze und lange geschlossene *e* bezeichnet wurde (in phonetischer Schreibung *ẹ̆* und *ẹ*). Mit diesem Resultat stimmt die Thatsache überein, dafs mitunter E für EI oder EI für E sich geschrieben findet. Das wäre nicht möglich, wenn nicht die Laute ähnlich gewesen wären; aber sie waren auch nicht gleich, da in der Regel die Schreibung sie trennt. Also war der durch E bezeichnete Laut ein langes *e*, das nach *i* hin klang, der durch EI wiedergegebene ein Diphthong, dessen erster Bestandteil ein geschlossenes *e*, der zweite ein *i* war (wie im ostpreufsischen *nein*).

Dafs man mit der Unterscheidung von H und E nicht

die Quantität sondern die Qualität der Laute bezeichnen wollte, geht auch aus den Modifikationen hervor, welche die Anwendung dieser Zeichen auf einigen Inseln des Ägäischen Meeres, namentlich Naxos und Keos erlitt. Hier werden nämlich mit H nur diejenigen η bezeichnet, welche einem dorischen α entsprechen, wie in ΜΗΤΕΡΑ, ΟΙΚΙΗΝ, oder aus εα kontrahiert sind wie in ΕΓΗΝ = ἐπεάν, wo dagegen auch das Dorische einen *e*-Laut zeigt, derselbe also gemeingriechisch und aus der Zeit vor der Dialekttrennung herübergenommen ist, wird E gebraucht: ΜΕ für μή, ΑΝΕΘΕΚΕΝ ἀνέθηκεν. Ja eine alte naxische Inschrift bezeichnet sogar das kurze *e* (die Kürze ist durch den Vers gesichert), wenn es aus ā entstanden ist, mit Ḅ, in Δεινοδίκεω und ἀλλέων, „in welchen das ε der specifisch ionische Stellvertreter eines α der übrigen Dialekte (Δεινοδίκαο [-α], ἀλλάων [-ᾶν]) ist".[35])

Nachdem man die Nuancen des *e*-Lautes durch verschiedene Buchstaben zu bezeichnen sich gewöhnt hatte, fühlte man dasselbe Bedürfnis auch für den *o*-Laut. Hier freilich stand kein freigewordenes Zeichen zur Verfügung, man mußte ein neues schaffen. Das that man etwa gegen Ende des 7. und Anfang des 6. Jahrhunderts[36]), indem man das bis dahin allein übliche Zeichen O modificierte, und zwar machte man das an verschiedenen Orten in verschiedener Weise; man unterschied von dem alten O ein C oder ein Θ oder ein Ω. Die letzte Unterscheidung ist später allgemein geworden, weil sie in dem Alphabet der kleinasiatischen Ionier durchgeführt war. Gleichviel aber, wie das Zeichen modificiert wurde, der Unterschied des Lautes, der durch die verschiedenen Zeichen ausgedrückt werden sollte, war überall derselbe, nämlich, daß das eine Zeichen für den Laut steht, den wir jetzt mit ω bezeichnen, das andere nicht nur für das kurze *o*, sondern auch für die durch Kontraktion aus o + o und o + ε, oder durch Ersatzdehnung aus kurzem *o* entstandene Länge, die wir ου schreiben, z. B. ΤΟ = τοῦ (aus το-[j]o), ΚΑΡΤΕΡΟΣ καρτερούς (aus καρτερους). Dagegen wird in den Formen des Pronomen οὗτος stets ΟΥ geschrieben. Wir schliefsen daraus, daß jene durch O bezeichnete Länge nicht mit ου gleichklang, und kein Diphthong, sondern ein einfacher Vokal war. Wie derselbe sich von der durch Ω bezeichneten Länge unterschied, darauf weist zunächst die Analogie der Unterscheidung von E und H hin; wie dort das eine Zeichen den offnen Laut, das andere den geschlossenen wiedergiebt, so wird es wohl auch hier sein. Nun ist die durch O bezeichnete Länge die Verlängerung von o, oder aus Kontraktion zweier o, resp. eines o und ε entstanden. Das o hatte aber den Laut eines kurzen geschlossenen *o* und klang sehr nach *u* hin. Das geht mit Sicherheit daraus hervor, dafs εο im ionischen Dialekt öfter zu ευ wird (z. B. ποιεῦντα aus ποιεοντα, Ἱπποκράτευς aus Ἱπποκρατεος)[37]), wie sich umgekehrt in ionischen Inschriften εο αο für ευ αυ geschrieben findet[38]) wie φεόγειν, λεοκοῖς, ἀοτός. Solcher Lautübergang und solche Verschreibungen wären nicht möglich, wenn nicht einerseits das Υ der Diphthonge ευ αυ den Wert von *u* gehabt hätte, andererseits das durch O ausgedrückte kurze *o* einen geschlossenen, dem *u* sich nähernden Klang gehabt hätte. So wird auch die Dehnung dieses o einen geschlossenen Klang gehabt haben, und darin der Unterschied von dem ω beruhen. Mit O wurde also der kurze und lange geschlossene *o*-Laut, mit Ω der offene bezeichnet.[39]) Das OY aber wurde, da es mit zwei Zeichen geschrieben, und von der Dehnung O sorgfältig unterschieden ist, als Diphthong gesprochen, und da wir sahen, dafs in EY AY das Zeichen Y den Lautwert *u* hatte, so wird es denselben auch in OY gehabt haben, das also wie $\breve{o} + u$ klang.

Hier sei mir eine kleine Digression gestattet, die uns zwar von dem sicheren Boden, auf dem wir uns bis jetzt bewegt haben, auf weniger bekanntes und zuverlässiges Terrain führt, uns aber einen Blick eröffnet auf Zeiten, welche weit hinter der durch äufsere Zeugnisse bekannten Geschichte des griechischen Volkes zurückliegen.

Wenn wir von den specifisch ionischen Lauten (also namentlich dem aus α entstandenen η) absehen, so zeigen die durch E und O einerseits, durch H und Ω andererseits bezeichneten langen Laute, abgesehen von ihrem qualitativen Unterschiede, noch einen anderen sozusagen chronologischen: sie sind verschieden alt. Die mit E und O bezeichneten Längen sind erst auf griechischem Boden entstanden, nachdem die

Dialekte sich von einander geschieden hatten, und in jedem Dialekt selbständig. Denn wir finden in manchen Dialekten noch die Grundformen, oder eine andere Umbildung derselben. Die Inschriften des kretischen Dialekts zeigen uns noch die Akkusative auf -ονc, die Partizipien auf -ενc, die im ionischen auf -ΟΣ -ΕΣ (-ουc -εικ, z. B. τοὐc ἵππουc τιθείc aus τονc ἱππονc τιθεν(τ)c) auslauten; für das ionische ΕΜΙ (εἰμί) finden wir im lesbischen Dialekt ἔμμι, das ebenso wie jenes aus ἐcμι entstanden ist; und von dem Genitiv ΤΟ (τοῦ) liegt die ältere Form im homerischen τοῖο vor. Diejenigen Längen dagegen, welche mit Η Ω bezeichnet werden, sind (mit Ausnahme eben der specifisch ionischen) allen Dialekten gemeinsam, sind also aus einer Zeit herübergenommen, bevor das griechische Volk sich in scharf getrennte Stämme, die griechische Sprache sich in scharf getrennte Dialekte gespalten hatte. Das sind z. B. Längen wie in πατήρ ποιμήν ῥήτωρ ποιῆcαι ἤcθιον γνωτόc πέπωκα, in denen gleichfalls eine Dehnung des kurzen Lautes (der in anderen Formen derselben Wörter hervortritt, wie in πατέρες ποιμένες ῥήτορες ποιέομεν ἐcθίω γνόντες ποτός) vorliegt, aber eine viel früher eingetretene als jene, welche durch Ε und Ο bezeichnet wird. Da nun diese älteren Längen in der Zeit, in welcher jene Schreibungsunterschiede gemacht wurden, einen offenen Laut hatten, so schliefst man, dafs in der Zeit, in der sie aus den kurzen Lauten entstanden, auch diese, also ε und ο, einen offenen Klang hatten, also etwa wie *ä* in *Äcker* und *o* in *Wort* (phonet. *e̤* od. *ä̆* und *o̤*) klangen.[40]) Indes weifs ich nicht, ob der Schlufs völlig richtig ist. Es besteht bekanntlich im Griechischen ein eigentümliches Verhältnis zwischen ε und ο, welches man Ablaut nennen kann, und welches unzweifelhaft durch frühere Accentverhältnisse bedingt ist. So wechseln z. B. φέρο-μεν φέρε-τε, φέρω φορά δορυ-φόρος, κλέπτω κέκλοφα, λέγω λόγος, γένος γονή, φρένες φρονέω u. s. w. Dieser eigentümliche Wechsel zwischen einem *e*- und einem *o*-Laut ist nicht aufs Griechische allein beschränkt, er findet sich, wenngleich nicht mit gleicher Konsequenz und häufig durch individuelle Lautentwickelung getrübt, auch in den anderen verwandten Sprachen, geht also auf die Ursprache zurück.[41]) Nun läfst sich dieser Lautwandel meiner Meinung nach nicht anders erklären, als so, dafs das ε, um das es sich handelt, ein ziemlich unreiner und dumpfer Laut war, der etwa zwischen ō und ă (ĕ) lag⁴²), und daher, wenn er in den Tiefton kam, sich ganz gut in einen zwischen ō und o̦ liegenden Laut verschieben konnte. Dafs die reinen Vokale das Älteste seien, ist ja eine längst als unhaltbar erkannte Theorie. Wenn nun jene ursprachlichen *e* und *o* solchen unreinen Laut hatten, so mochte sich dieser im Griechischen erhalten in ihren Dehnungen, also den gemeingriechischen η und ω, während die Kürze sich zu einem klareren Laut, d. h. geschlossenem ĕ̦ und ŏ̦ entwickelte, dessen spätere, auf griechischem Boden entstandene Dehnung (die im ionischen Alphabet mit E und O bezeichnet wird) also auch den Laut ë̦ und o̦ hatte. Als ein dritter Laut wird dann hinzugekommen sein die specifisch· ionische Umwandlung eines gemeingriechischen *a* in ein scharfes offnes ä, etwa der hannoverischen Aussprache des *a* in offner Silbe entsprechend, so dafs wir also zwei lange offne e-Laute zu scheiden hätten, einen klaren scharfen speciell ionischen, und einen unreineren dumpfen gemeingriechischen⁴³); und so liefse sich auch die Eigentümlichkeit in der Schreibung der Inschriften von Keos und Naxos erklären. Ein ähnlicher Unterschied wird auch zwischen dem gemeingriechischen ε und dem specifisch ionischen aus α entwickelten ε bestanden haben: den asiatischen Ioniern erschienen die ε der letzteren Art aber vielleicht an Zahl zu unbedeutend, um sie durch besondere Schreibung auszuzeichnen, oder ihr Klang assimilierte sich bald der Mehrzahl der ε.

Wie dem aber auch sei, in der Hauptsache ist es klar festgestellt, dafs das ionische ε ο einen geschlossenen Klang hatte, die Dehnung desselben, die von den Ioniern selbst ebenso wie die Kürze mit E O, von uns mit ει ου geschrieben wird, ebenfalls einen geschlossenen Laut darstellte, wie ē̦ ō̦, endlich mit H Ω ein offner langer Laut bezeichnet wurde, dessen Klangfarbe verschiedene Nuancen haben mochte. Und weiter haben wir konstatiert, dafs mit EI ein dem langen geschlossenen ē ähnlich klingender Diphthong (also ĕi) bezeichnet wurde, dafs in ευ αυ der zweite Teil wie *u* lautete, und haben dasselbe für ου als wahrscheinlich erkannt.

Kehren wir nun nach Athen zurück.

Die älteren attischen Inschriften sind in einem Alphabet geschrieben, welches dem Ionischen nahe verwandt ist, aber teils in der Form, teils in der Verwendung der Zeichen seine Eigentümlichkeiten hat. Uns geht hier nur die Bezeichnung der *e*- und *o*-Laute und der entsprechenden Diphthonge an. In dieser Beziehung steht das altattische Alphabet noch auf der primitiven Stufe wie das ionische vor Einführung des H als *e*-Laut und des Ω; auf derselben Stufe wie alle nichtionischen Alphabete: d. h. sämtliche *e*-Laute werden durch E, sämtliche *o*-Laute durch O bezeichnet. H steht noch für den Hauchlaut. EI und OY dienen nur zur Bezeichnung der aus ι und υ durch sog. Steigerung und der aus ε + ι und ο + υ durch Kontraktion entstandenen Diphthonge. Nach der officiellen Einführung des ionischen Alphabetes tritt auch die ionische Orthographie ein: der Hauchlaut bleibt unbezeichnet, E H EI, O Ω OY werden in derselben Weise verwendet wie im Ionischen. Dafs H in dieser Zeit den langen offenen *e*-Laut bezeichnete, haben wir schon gesehen; wir werden auch im übrigen annehmen müssen, dafs die Zeichen denselben Laut ausdrücken sollten, wie im Ionischen, dafs also die durch E und O bezeichneten Dehnungen aus ε und ο einen langen geschlossenen Laut hatten, und sich noch von den Diphthongen EI und OY in der Aussprache unterscheiden liefsen. Doch mufs der Unterschied schon ziemlich gering gewesen sein, denn immer häufiger findet sich statt eines langen E ein EI, statt eines langen O ein OY gesetzt, und seit der Mitte des 4. Jahrhunderts ist diese Schreibung durchgedrungen[44]), die von da an bis auf unsere Zeit herrschend geblieben ist: die auf griechischem Boden durch Dehnung oder Kontraktion aus kurzem $\breve{e}$ und $\breve{o}$ entstandenen langen geschlossenen $\bar{e}$ und $\bar{o}$ werden EI und OY geschrieben. Da nun die ganze griechische Lautentwickelung auf Monophthongisierung der Diphthonge hindrängt, so ist es ganz unwahrscheinlich, dafs aus jenen einfachen $\bar{e}$ und $\bar{o}$ jetzt Diphthonge *ei* und *ou* geworden wären[45]), sondern es ist ganz offenbar, dafs die ursprünglichen Diphthonge *ei* und *ou* zu einfachen Längen geworden und in ihrem Klang mit jenen $\bar{e}\ \bar{o}$ zusammengefallen waren. Das benutzte man, um die langen

geschlossenen e und o einerseits von den kurzen geschlossenen
ε und o, andererseits von den langen offenen η und ω zu unterscheiden, indem man die Schreibung der ursprünglichen Diphthonge auf die einfachen Längen übertrug, mit denen sie jetzt
ja im Klang identisch waren: und so kommt es, dafs wir noch
heute jene Laute, welche nie diphthongisch geklungen haben,
doch mit zwei Zeichen schreiben.

Verlassen wir jetzt wieder auf kurze Zeit Attika und
machen eine Exkursion über die Grenzen nach dem Nachbarland Böotien. Auch diese Landschaft hatte sich das phönikische
Alphabet in ihrer Weise zurecht gemacht und bediente sich
dieses heimischen Alphabetes bis ins 4. Jahrhundert. Dasselbe
hatte, wie das altattische, für den e-Laut nur das eine Zeichen
E, für den o-Laut nur das eine Zeichen O. Von der Länge
E unterschied es den Diphthong EI, wo dieser aus ι durch
Steigerung, oder aus ε + ι durch Kontraktion entstanden war.
Aber an Stelle dieses Diphthongen EI wurde schon damals
ebenso oft ein einfaches I geschrieben[46]); ein Beweis, dafs aus
dem ursprünglichen Diphthongen damals schon in Böotien ein
einfacher Laut geworden war, der beinahe oder ganz wie i klang.
Um die Mitte des 4. Jahrhunderts tritt in den böotischen Inschriften an Stelle des alteinheimischen Alphabetes das ionische.
Das war eine einfache Folge der geistigen Hegemonie, die Athen
behielt, auch als seine politische Hegemonie aufgehört hatte.
Nachdem Athen, der Brennpunkt und das Centrum aller höheren
Bildung in dieser Zeit, das ionische Alphabet angenommen hatte,
mufsten alle anderen Staaten, die nicht zurückbleiben und verbauern wollten, folgen. Aus Athen entnahmen sie die Schriftzeichen, und an den Schriftzeichen haftete der athenische Laut.
Und da ist es nun sehr interessant und lehrreich, zu sehen, wie
ein Dialekt, dessen Lautsystem von dem attischen so erheblich
abweicht, wie der böotische, die aus Athen übernommenen Zeichen
des ionischen Alphabetes verwendet; daraus lassen sich für die
Aussprache in beiden Dialekten sehr wichtige Schlüsse ziehen.
Es sind hauptsächlich die Buchstaben I H Ω und die Buchstabenverbindungen EI und OY, welche anders verwendet werden als in Athen. Die Schreibung I für den ursprünglichen
Diphthongen ει breitet sich aus und wird fast allgemein. Mit

ΕΙ wird nunmehr nicht nur das durch Dehnung aus ε oder Kontraktion aus εε entstandene lange geschlossene ẹ bezeichnet, welches auch im nacheuklidischen attischen Alphabet ΕΙ geschrieben wird, wie in ὀφείλω, παρμείναντα, εἶμεν, Φάεινος, ποθείλετο, προςτατεῖμεν, sondern auch die urgriechische Länge, die im Attischen mit Η bezeichnet wird, wie in Εὐμεῖλος, ἐποείcανθο, χρειμάτων, Ἀριστοκλεῖς, πατείρ (= att. Εὔμηλος, ἐποιήςαντο, χρημάτων, Ἀριστοκλῆς, πατήρ) u. a., woneben allerdings mitunter die Schreibung mit Η sich findet.⁴⁷) In der Regel aber wird Η vielmehr an die Stelle eines ΑΙ des alten Alphabetes, welches attischem ΑΙ entspricht, gesetzt, also πολίτης statt πολίταις, Θειβῆος statt Θηβαῖος, κή für καί u. dgl. m. Das Zeichen Ω wird nicht nur für die urgriechische Länge verwendet, die auch im Attischen mit Ω bezeichnet wird, wie in Βοιωτοί, Φίλων, δῶρον, τῶν πολιτικῶν etc., sondern auch für die Ersatzdehnung und Kontraktionslänge, die wir in Befolgung der nacheuklidischen attischen Praxis ου schreiben, also βωλά, attisch βουλή, Μῶcαι, attisch Μοῦcαι, τῶ δάμω, attisch τοῦ δήμου, τὼς πολεμάρχως, attisch τοὺς πολεμάρχους etc. Die Buchstabenverbindung ΟΥ wird gebraucht für den eigentlichen Diphthong, z. B. in den Formen von βοῦς und οὗτος: βουῶν, βούεccι, οὗτο, und an Stelle des früheren Υ, dem attisches Υ entspricht: Πούθων statt Πύθων, οὐπέρ statt ὑπέρ, τούχα statt τύχη, ἀργούριον, Διωνούcιος, Πολούξενος u. s. w. Gegen Mitte des 3. Jahrhunderts v. Chr. tritt noch eine weitere Veränderung der Schreibung ein: von da ab wird vor Konsonanten und in Endsilben das bis dahin bräuchliche ΟΙ durch Υ ersetzt: λυπός = λοιπός, Fυκία = οἰκία, τῦς προξένυς = τοῖς προξένοις, τὺ cούνεδρυ = τοὶ (οἱ) cύνεδροι u. s. w.

Was können wir aus diesen orthographischen Änderungen lernen?

Wir sahen vorhin, dafs um die Mitte des 4. Jahrhunderts in Athen mit ΕΙ der lange geschlossene e-Laut, mit Η der lange offene bezeichnet wurde. Denselben Laut werden auch die Böoter mit diesen Zeichen haben ausdrücken wollen. Der ursprüngliche Diphthong αι hatte sich bei ihnen also schon zu einem einfachen offenen langen ẹ̈ (ä) zusammengezogen; die früher offen gesprochenen e hatten einen geschlossenen

Laut augenommen und waren somit im Klange mit dem ursprünglichen geschlossenen langen ε zusammengeflossen; aus dem ursprünglichen Diphthong ει endlich war ein einfacher Laut *i* geworden. Alle diese Erscheinungen haben eine gemeinsame Ursache, nämlich eine Neigung des Dialektes, die Diphthonge zu monophthongisieren und die zwischen *a* und *i* liegenden Laute zuzuspitzen. Diese Neigung, die im Böotischen zuerst mit Macht auftritt, hat ja die griechische Sprache überhaupt: sie hat schliefslich zur neugriechischen Aussprache geführt. Zugleich wird uns durch diese Schreibung im Böotischen zum Überflufs bewiesen, dafs in Athen damals ει und η noch nicht wie *i* gesprochen wurden und ΑΙ noch seinen diphthongischen Klang hatte, sonst würden die Böoter eben nicht Ι ΕΙ Η sorgfältig geschieden haben, und keinen Grund gehabt haben, ihr altes ΑΙ durch Η zu ersetzen.

Etwas schwieriger liegt die Sache hinsichtlich der *o*- und *u*-Laute. Zwar, wenn alle langen *o*-Laute mit dem Buchstaben Ω bezeichnet werden, so haben wir einfach zu schliefsen, dafs die Böoter eben nur einen langen *o*-Laut hatten, und zwar einen offenen. Aber wie haben wir uns die Ersetzung von Υ durch ΟΥ zu erklären? Das Zeichen Υ hat, wie uns die Vergleichung der verwandten Sprachen zeigt, ursprünglich den Laut *u* wiedergegeben. Für den ionischen Dialekt haben wir oben nachgewiesen, dafs es diesen Wert *u* behalten hat in den Diphthongen ΕΥ und ΑΥ. Aus denselben Kriterien geht ein Gleiches aber auch für die anderen Dialekte und speciell den böotischen hervor. So wird im Böotischen aus Caóμηλος Caύμειλος, aus Πραόχα Πραύχα. Nun findet sich im Böotischen aber auch einfaches υ öfter mit o verwechselt: Ἀμονίας, Ἀμόντας, Θοςίης für Θυςίαις u. a. m., und umgekehrt παργινυμένως statt παραγινομένους, Ὀνύμαςτος statt Ὀνόμαςτος. Das läfst doch darauf schliefsen, dafs auch das einfache υ noch nicht wie *ü* sondern wie *u* gesprochen wurde. Und dieser Laut *u* soll offenbar durch die Schreibung ΟΥ bezeichnet werden. Im Gegensatz zu den *e*-Lauten hat also das Böotische bei den *o*-Lauten die Neigung zur Verdumpfung des Lautes. Für die Aussprache des Attischen aber folgt daraus, dafs damals, also Mitte des 4. Jahrhunderts, als in den athenischen officiellen

Inschriften das die Länge bezeichnende ọ allgemein durch OY ersetzt wurde, diese Länge, welche ursprünglich ein geschlossener o-Laut gewesen war, mit dem ursprünglichen Diphthongen ου in dem langen u-Laut zusammengeflossen war. Die Athener sprachen zu dieser Zeit sowohl das aus o durch Kontraktion oder Dehnung entstandene als das ursprünglich diphthongische ου wie *ū*, das υ aber (aufser in den Verbindungen αυ ευ) nicht mehr wie *u* sondern wahrscheinlich wie *ü*. Dies letztere wird bewiesen durch die letzte Schreibungsänderung, die im Böotischen vorgenommen wurde, die des οι in υ. Das οι hat im Griechischen niemals so geklungen, wie wir es aussprechen, als eine Verbindung von offenem ọ und *ū*. Denn wir haben gesehen, dafs der kurze o-Laut ein geschlossener war (auch im Böotischen, wie die Verwechselung mit υ beweist): diesen Klang mufs er auch in dem Diphthongen ου einmal gehabt haben, sonst hätte dieser sich nicht zu *u* verengt: diesen Klang wird er auch in dem Diphthongen οι gehabt haben. Und ebenso war das ι der Diphthongen αι οι nicht wie bei uns ein offenes, sondern ein geschlossenes, spitzes.[48]) Nur so erklärt es sich, dafs die mit ι auslautenden Diphthonge so häufig, und in den verschiedensten Dialekten, vor Vokalen ihr ι verlieren, wie κλάω aus κλαίω, ἐλάα aus ἐλαία, ποεῖν aus ποιεῖν, χροά aus χροιά u. s. w.[49]), was bei unserer Aussprache nicht möglich wäre. So klang denn das griechische οι ungefähr wie unser *ui* in *pfui*. Wenn sich das monophthongisierte, mufste daraus der Laut *ü* werden. Wenn also die Böoter ihr altes ΟΙ durch Υ ersetzen, so schliefsen wir daraus, dafs bei ihnen das οι schon zu *ü* geworden war, in Athen aber und der attisch-hellenischen Schriftsprache noch nicht, und dafs das Zeichen Υ im Attischen den Laut *ü* ausdrückte. Das letztere wird aufserdem bewiesen durch die auf den Inschriften des 4. Jahrhunderts in bestimmten Wörtern vorkommende Verwechselung von Υ und Ι.[50])

Es war eine etwas mühsame Wanderung, auf der Sie mich begleitet haben, aber wir haben doch einen recht hübschen Ertrag von derselben mitgebracht. Sie haben gesehen, wo wir uns die Mittel herholen, die wir anwenden, um die stummen

Buchstaben zum Reden zu bringen, und Sie haben gesehen, wie wir sie anwenden. Und dabei habe ich Sie im schnellsten Tempo auf den breitesten und betretensten Wegen geführt: nur hin und wieder pflückten wir etwas seitab vom Wege, und so manches, was von Interesse und Wichtigkeit ist, habe ich Ihnen nicht gezeigt, weil es uns aufgehalten hätte. Das Wesentlichste haben Sie gesehen, und nun lassen Sie uns zum Schlusse eilen.

Zuerst vergegenwärtigen wir uns noch einmal ganz kurz das Ergebnis unserer Untersuchung. Es hatte sich herausgestellt, dafs im attischen Dialekt des 4. Jahrhunderts (denn auf diesen lief alles hinaus) folgende Zeichen folgenden Lautwert hatten:

E bezeichnete den kurzen geschlossenen e-Laut $= \breve{e}$
EI „ „ langen geschlossenen e-Laut $= \bar{e}$
H „ „ langen offenen e-Laut $= \bar{\varepsilon} (\bar{a})$
O „ „ kurzen geschlossenen o-Laut $= \breve{o}$
Ω „ „ langen offenen o-Laut $= \bar{\varrho}$
OY „ „ langen u-Laut $= \bar{u}$
AI $= a\underline{i}$
OI $= o\underline{i}$ oder $u\underline{i}$

Wenn ich mich nun anschicke, das Bild des attischen Lautstandes und seiner Weiterentwickelung in der griechischen Schriftsprache zu vervollständigen, so beschränke ich mich auf eine skizzenhafte kurze Vorführung der Hauptresultate der Wissenschaft und verweise für weitere Belehrung auf die Specialschriften.

Ausgelassen waren in der vorhin geführten Untersuchung die Diphthonge αυ ευ und die mit langem Vokal. Was die ersten beiden betrifft, so sind sie sicher nicht, wie im Neugriechischen, *aw ew* resp. *af ef* gesprochen worden, da sie metrisch lang gebraucht werden, aber das υ klang in ihnen auch nicht *ü*, wie in selbständiger Stellung, sondern hatte wie im Ionischen und Böotischen seinen alten *u*-Laut erhalten, sonst hätte eben die neugriechische Aussprache sich nicht entwickeln können. Von den mit langem Vokal beginnenden Diphthongen können wir ωυ als unattisch aus dem Spiel lassen: ηυ klang wie $\bar{e}\breve{u}$ oder $\underline{\bar{e}}\breve{u}$, fiel aber später mit ευ, d. h. $\breve{e}\breve{u}$, zusammen. Die

Diphthonge, in denen ein langer Vokal mit ι verbunden ist, und die wir jetzt mit dem sog. Iota subscriptum schreiben ᾳ ῃ ῳ, klangen ursprünglich wie der lange Vokal mit nachklingendem *i*; diesen *i*-Nachklang haben sie später gänzlich verloren, aber bis im 3. Jahrhundert v. Chr. wurde er in Athen noch gehört: erst seit etwa 200 v. Chr. tritt auf den Inschriften die Schreibung A H Ω statt der alten AI HI ΩI ein.

Die Weiterentwickelung des Vokalismus ist zwar an sich sehr interessant, aber für uns von untergeordneter Bedeutung und auch nicht so klar zu erkennen und darzulegen wie für die ältere Zeit. Denn in der älteren Zeit haben wir es immer nur mit einem Dialekte zu thun, welcher von allen Bürgern der Stadt gesprochen wird: jetzt aber bildet sich aus dem attischen Dialekt eine Schriftsprache heraus, die überall gesprochen wird, wo hellenische Zunge klingt, aber eben deshalb einerseits verschiedentlich mundartlich afficiert wird, andererseits sich in Gegensatz zu der Mundart setzt. Die Sprechweise des Gebildeten wird eine andere als die des gemeinen Mannes, die Sprachforscher fangen an, Normen für korrekten Sprachgebrauch aufzustellen, es zeigen sich Reaktionen gegen die zunehmende Verwilderung der Sprache. Daher wird die Weiterentwickelung der Laute eine vielfach unregelmäfsige, gehemmte, beeinflufste. Das Wesentliche aber ist das Folgende."[51])

Im grofsen und ganzen folgt die griechische Sprache in ihrer lautlichen Entwickelung dem vorhin schon erwähnten Zuge, welcher zuerst mit Energie im Böotischen sich geltend macht, aber auch im attischen Dialekt schon im 5. Jahrhundert zu bemerken ist, die Vokale und Diphthonge zu vereinfachen, indem diese monophthongisiert werden, jene sich zum gröfsern Teil mehr und mehr verengen, während einige umgekehrt sich verbreitern.

Der erste Laut, welcher der Tendenz zur Verengerung zum Opfer fällt, ist das ει, d. h. das lange geschlossene $\bar{e}$, in dem das alte lange E und der alte Diphthong EI zusammengeflossen waren. Der Laut desselben spitzte sich immer mehr zu, und ging endlich in *i* über. Dieser Prozefs ist schon um 100 v. Chr. zum Abschlufs gekommen, und die Grammatiker hatten ihre Not, in jedem einzelnen Falle festzustellen, ob historisch richtig ει oder ι zu schreiben sei. Wie das lange geschlossene ε zu ι wurde, so spitzte sich auch der ursprünglich offene Laut des η zu einem geschlossenen zu, während umgekehrt das ε einen offenen Laut bekam. Das ersehen wir aus der Verwechslung beider in den Inschriften mit αι. Seit etwa 100 nach Chr. wird αι mit η und ε verwechselt, mit η aber nur bis etwa 150 v. Chr., mit ε von dieser Zeit an besonders häufig. Daraus folgt, dafs αι in Athen (denn nur auf die Inschriften Athens beziehen sich diese Angaben) um etwa 100 nach Chr. zu einem e-Laut geworden war, und zwar zu einem offenen, dafs η um diese Zeit noch den offenen Laut hatte, aber im Laufe des Jahrhunderts sich verengte und zu $\bar{e}$ wurde, sodafs man nachher vielmehr in ε, das zu einem offenen $\breve{e}$ ($\breve{a}$) geworden war, denselben Laut zu hören glaubte wie in αι. Die Verengerung des η ging weiter, und schon gegen Ende des 2., Anfang des 3. Jahrhunderts hat es den Laut i angenommen. Im 3. Jahrhundert nach Chr. wurde auch die Aussprache des οι wie $ü$ allgemein; am spätesten, erst in byzantinischer Zeit, folgte υ dem itacistischen Drange und wurde zu i. Dem entgegengesetzten Triebe folgte, wie das ε, so auch das ο, das aus einem geschlossenen o-Laut ein offener wurde, wie es auch jetzt im Neugriechischen noch ist.

Das sind, wie gesagt, nur die grofsen Grundzüge der Entwickelung: im einzelnen haben vielfache Nuancen und Schwankungen stattgefunden, auf die einzugehen hier nicht der Ort ist.[52]) Wir wenden uns jetzt zur Betrachtung der Konsonanten. Hier ist die Bestimmung der Laute schwieriger und gelingt nicht immer mit Sicherheit.

Über die Nasalen ν und μ ist weiter nichts zu sagen, als dafs nicht nur im Inlaut, sondern auch im Auslaut ν sich einem folgenden Konsonanten assimilierte, also vor Labialen zu μ wurde (τὴμ πόλιν), vor Gutturalen zu dem gutturalen Nasal (phonetisch geschrieben ŋ), den wir in unserem *enge Onkel* haben, was an der Schreibung Γ zu erkennen ist (z. B. τὸγ γραμματέα). Die Buchstabenverbindungen γγ γκ wurden ausgesprochen wie unser *ng* und *nk*. — Das ρ war ein Zungen-*r*, was daraus hervorgeht, dafs ρ mitunter mit λ wechselt (κρίβανος und κλίβανος, ἦλθον aber ἔρχομαι) und in einigen Dialekten aus c entsteht (sog. Rhotacismus, namentlich im elischen, lakonischen und eretrischen Dialekt: elisch τοῖρ τιρ = τοῖc τιc, lakonisch παλεόρ = παλαιόc, eretrisch ὁπόραι st. ὁπόcαι u. v. a.).⁵³) — Das c war ein scharfer Laut, weswegen es nicht für schön galt (Pindar nannte es τὸ cὰν κίβδηλον)⁵⁴), eine Häufung desselben vermieden wurde, ja mitunter eine Virtuosität darin gesucht wurde, ganze Gedichte ohne ein Sigma herzustellen. Ubrigens war der Laut des c wahrscheinlich in verschiedenen Gegenden, zu verschiedenen Zeiten und an verschiedenen Wortstellen verschieden; darauf läfst schliefsen die Verwendung zweier verschiedener Zeichen Μ und Ϲ in den älteren Inschriften (allerdings nie nebeneinander), ferner die Schreibung cc statt c vor Konsonanten im Inlaut (Ἀccκληπιόc ἄριccτα u. a.), ζ vor Medien und Liquiden im Anlaut (Ζμύρνα, Ζβέννυμι), die sich nicht selten findet, endlich die verschiedenen Schicksale, welche c vor Vokal im Anlaut und im Inlaut gehabt hat. Doch ist das noch nicht genügend klar gestellt. Auch das cc, welches in den meisten Dialekten aus κϳ χϳ τϳ θϳ entstanden ist (wie in πράccω) und einem ττ in anderen (dem Böotischen und Attischen) entspricht, dürfte kaum ein richtiges ss gewesen sein. In einer alten Urkunde aus Halikarnafs⁵⁵) findet sich mit ϾϾ wechselnd für diesen Laut ein besonderes Zeichen Τ (unterschieden von Τ = τ), das sich auch sonst mitunter wiederfindet, und als Zahlzeichen Sampi erhalten blieb.⁵⁶) Vielleicht war der Laut dieses ss ein unserem *sch* ähnlicher, aber schärferer (phonetisch ausgedrückt, dorsales *š*).⁵⁷) — Der Hauchlaut *h* ist in verschiedenen Dialekten zu verschiedener Zeit geschwunden, am frühsten im ionischen und lesbischen (sog. äolischen); im attischen war er gegen Ende des 5. Jahrhunderts schon so schwach, dafs die Steinmetzen zweifelhaft waren, wann sie das Zeichen Η zu setzen hätten, und es daher fälschlich setzten oder wegliefsen, und dafs er nach Einführung des ionischen Alphabetes ganz unbezeichnet gelassen werden konnte. Wann er ganz geschwunden ist, läfst sich mit Sicherheit nicht feststellen.

Was die Mutae betrifft, so ist zuerst daran zu erinnern, dafs wir in Norddeutschland eigentlich gar keine richtige Tenuis kennen, sondern das, was wir in der Grammatik Tenues nennen, in der That als eigentliche Aspiraten sprechen, d. h. mit mehr oder weniger scharfem, dem Öffnungsgeräusch folgenden Exspirationsstofs. Solche eigentliche Aspiraten sind auch die griechischen φ χ θ ursprünglich gewesen. Das beweist die älteste Schreibung ΠH KH, das beweist der Übergang von π und τ in φ und χ vor Spiritus asper (ἀφ' οὗ, μεθ' οὗ), das beweist die Verwandlung einer Aspirata in die Tenuis, wenn die folgende Silbe mit Aspirata anhebt (ἐτέθην). Das alles wäre nicht möglich gewesen, wenn die Aspiraten schon damals Spiranten gewesen wären und den Laut gehabt hätten, den sie jetzt in der neugriechischen Aussprache haben, nämlich φ wie *f*, θ wie englisches hartes *th* (phonet. geschr. *þ*), χ vor *a o u* oder einem Konsonanten wie im deutschen *ach*, vor *e i* wie im deutschen *ich*. Immerhin müssen sie sich dieser spirantischen Aussprache schon früh genähert haben, sonst hätte man nicht für sie eigne Zeichen geschaffen. Am frühsten hat diesen Weg betreten das θ, für das sich nie TH findet, sondern schon in den ältesten Alphabeten das Zeichen ⊕ (daneben vereinzelt ⊕H). Aber der Klang dieser Laute kann sich zunächst von dem der Tenues noch nicht sehr weit entfernt haben, und für einen Fremden waren sie jedenfalls von den Tenues schwer zu unterscheiden. So setzt der Skythe bei Aristophanes in den Thesmophoriazusen an Stelle jeder Aspirata eine Tenuis: πεύγει st. φεύγει, ξιπομάκαιρα st. ξιφομάχαιρα, ἐπιτυμεῖς st. ἐπιθυμεῖς, und ebenso gaben die Römer in älterer Zeit das griechische φ χ θ durch *p c t* wieder *(tesaurus Pilemo calx)*.[58]) Noch in späterer Zeit konnte man zweifeln, ob Lysias an einer Stelle ᾿Ανθεια oder ᾿Αντεια geschrieben habe.[59]) Dafs φ nicht wie *f* gesprochen wurde, geht sicher aus dem Umstand hervor, dafs die Römer dafür nicht ihr *f* setzten, sondern φ durch *ph* wiedergaben, und noch gegen Ende des 1. Jahrhunderts nach Christus hebt Quintilian ausdrücklich den Unterschied im Laut des φ, der *dulcissime spirans littera*, und des *f* hervor, das dagegen *triste et horridum* sei.[60]) Erst seit dem 3. Jahrhundert nach Chr. ist die heutige Aussprache durchgedrungen. Das heifst natürlich in der Schriftsprache; in den Dialekten hat sich der Lautwandel zum Teil viel früher vollzogen, wie denn das θ des spartanischen Dialekts schon von Aristophanes mit ϲ wiedergegeben wird (ναὶ τὼ ϲιώ = ναὶ τὼ θεώ, μύϲιδδε = μύθιζε etc.); ein Beweis, dafs die Lakedämonier schon damals das θ als Spirans aussprachen.

Schwieriger ist es, die Aussprache der Mediae festzustellen. Schon das ist nicht ganz klar, was die alten Grammatiker mit dem Namen μέϲαι haben bezeichnen wollen. Ursprünglich scheinen sie den Laut gehabt zu haben, den wir in korrekter Aussprache mit den Buchstaben *g b d* verbinden, dann aber sind sie allmählich zu den Spiranten geworden, welche sie jetzt in der neugriechischen Aussprache sind. Die Neugriechen sprechen β wie *w*, γ vor *a o u* und Konsonant wie sächsisches *g* in *Tage* (phonetisch geschrieben ʒ), vor ε und ι wie *j*, endlich δ wie weiches englisches *th* (phonetisch geschrieben *d̄*). Dafs für das γ die spirantische Aussprache wie *j* schon früh üblich wurde, beweist der Spott der Komiker zur Zeit des peloponnesischen Krieges über Hyperbolos, weil er ὀλίοϲ gesprochen habe statt ὀλίγοϲ.[61]) Das setzt als normale Sprechweise *ŏlijŏs* voraus. Dann findet sich in den ägyptischen Papyrosfragmenten häufig γ fälschlich zugesetzt oder weggelassen in Nachbarschaft von *i*- und *e*-Lauten. Dagegen β kann die Aussprache wie *w* erst gegen Christi Geburt angenommen haben, denn bis dahin wird römisches *v* im Griechischen konstant durch ου wiedergegeben (Οὐαλέριοϲ etc.), und erst in der Kaiserzeit dringt allmählich die Schreibung mit β ein. Was endlich das δ betrifft, so fehlt es uns an bestimmten Anhaltspunkten: ich glaube aber doch, dafs es schon in klassischer Zeit den Laut des weichen englischen *th* (phonetisch *d̄*) hatte, und zwar schliefse ich das aus der Natur und Geschichte des ζ.

Der Laut des ζ ist zwar ganz besonders kontrovers, aber doch läfst es sich, wie ich glaube, gerade für ihn zu einem ganz sicheren Ergebnis kommen. Das griechische ζ ist meistens aus δj entstanden. Von δj zu der heutigen Aussprache wie weiches *s* (phonetisch *z*) bildet den natürlichen Übergang der Laut, mit dem die Italiener ihr *z* aussprechen, nämlich eine Verbindung von *d* und weichem *s*, phonetisch ausgedrückt *dz*. Wir werden annehmen dürfen, dafs das griechische ζ diesen Laut einmal gehabt hat. Nun geben aber Grammatiker des 1. Jahrhunderts vor Chr.[62]) an, dafs ζ wie ϲδ gesprochen werde: in den Texten der äolischen Dichter Alkaeos und Sappho, sowie in denen des Alkman und der Korinna war cδ statt ζ geschrieben (in Inschriften aus guter Zeit findet sich diese Schreibung nicht): und im attischen Dialekt (wie auch in anderen) sehen wir in der That in einigen Wörtern ζ aus cδ entstehen, wie in Ἀθήναζε aus Ἀθήνασδε, Θεόζοτος aus Θεόσδοτος u. a. Wie stimmt das nun zusammen? Ich glaube folgendermafsen. Aus dem Laut *dz* war allmählich ein Laut *zz* (wie ein gedoppeltes oder lang ausgehaltenes weiches *s*) geworden: zuerst im äolischen, vielleicht auch lakonischen Dialekt. Um diesen Laut von dem attischen ζ, das noch *dz* klang, zu unterscheiden, suchte man nach einer anderen Schreibung und fand sie im attischen cδ = *sd*. Diese Zusammensetzung eines scharfen *s* mit einem weichen Spiranten *d* war wenigstens ein annähernd ähnlicher Laut. Allmählich ging aber auch im Attischen sowohl das cδ = *sd*, als das ζ = *dz* in diesen selben Laut *zz* über, sodafs man nun hier an Stelle von cδ ein ζ setzen konnte. Schliefslich vereinfachte sich der Laut *zz* zu dem *z* des Neugriechischen. Diese ganze Entwickelung beruht allerdings auf der Annahme, dafs δ spirantisch gesprochen wurde. Dafs das aber wenigstens in Dialekten geschah, beweist uns die Ersetzung des δ durch ζ in elischen Inschriften schon des 6. Jahrhunderts vor. Chr.[63]): ζέ ζίκαια ζᾶμος statt δέ δίκαια δᾶμος.

Dies ist der Thatbestand. Nun haben wir daraus die praktische Folgerung zu ziehen. Sie sehen bestätigt, was ich zu Anfang meines Vortrages sagte, dafs unsere übliche Aussprache des Griechischen falsch ist. In keiner Zeit und in keiner Gegend haben die alten Griechen jemals so gesprochen. Dasselbe aber gilt von der neugriechischen Aussprache, ja wir können sagen, dafs die Aussprache des Griechischen in der eigentlich klassischen Zeit von der neugriechischen noch weit mehr verschieden war als von unserer: ganz allmählich, nach und nach haben dann, wie ich Ihnen gezeigt habe, die Laute sich verändert, und erst nach mehreren Jahrhunderten, am Ausgange des Altertums und beim Beginn der byzantinischen Zeit, finden wir die Aussprache voll entwickelt, die noch jetzt das Neugriechische zeigt. Dafs sich in der langen Zeit seitdem die

Aussprache nicht geändert hat, liegt in dem Umstande begründet, daſs jenes nachklassische Griechisch des ausgehenden Altertums im byzantinischen Reiche ebenso eine Gelehrtensprache wurde, wie im Abendlande das Lateinische; wie hier neben dem Lateinischen sich die romanischen Volkssprachen entwickelten, so dort die Vulgärdialekte: und wie sehr diese in jeder Beziehung, auch in den Lauten, von der heutigen Schriftsprache, die doch viel Vulgäres aufgenommen hat, abweichen, zeigt ein Blick in Foys Buch über das Lautsystem der griechischen Vulgärsprache.[64])

Mit welchem Rechtstitel beansprucht nun die neugriechische Aussprache, an Stelle unserer bis jetzt üblichen gesetzt zu werden? Daſs die Behauptung ihrer Verteidiger, sie gebe uns das zuverlässige Bild von der im Altertum selbst üblichen Aussprache, falsch sei, haben wir nachgewiesen. Es bleiben zwei Gründe. Erstens, daſs wir die Aussprache des Altgriechischen doch nur annähernd feststellen können, während wir von dem Neugriechischen ganz genau wissen, wie es gesprochen wird. Ich verspare mir die Beantwortung dieses Grundes auf nachher. Der zweite Grund ist rein praktischer Natur. Unsere Schüler sollen das Griechische in neugriechischer Aussprache lernen — damit sie es im Verkehr praktisch verwerten können. Rangabé träumt davon, daſs „eine Sprache, die in allen civilisierten Ländern einen notwendigen Bestandteil des öffentlichen Erziehungsplanes bildet, wofern sie überall auf gleiche Weise ausgesprochen wird, als allgemeines Umgangsmittel der Gebildeten aller Völker dienen kann" — eine fromme Schwärmerei, die man dem für seine Nation und Sprache begeisterten Hellenen verzeihen wird; und Engel weist darauf hin, daſs die Zahl der zu Zwecken des Studiums oder zum Abschluſs ihrer höheren Bildung nach Griechenland reisenden Deutschen immer zunehme. Nun, wegen deren braucht er unbesorgt zu sein: so gut wie sie in Italien Italienisch lernen, werden sie in Griechenland die neugriechische Aussprache lernen: müssen sie doch noch allerhand anderes lernen, was ihnen das Gymnasium nicht hat lehren können. Aber wer nur ein wenig Sprachsinn und Sprachtalent hat, dem wird das nicht sonderliche Mühe machen. Wenn Engel aber auf den wachsenden Levantehandel hinweist, so werden es doch wohl in der Hauptsache ehemalige Schüler von Realgymnasien sein, die davon profitieren. Aber auch angenommen, es wendeten sich gerade frühere Schüler des Gymnasiums dieser Thätigkeit zu, so heifst es die Grundidee des ganzen Gymnasialunterrichts völlig verkennen, wenn man als eigentlich selbstverständliche Forderung aufstellt, das Griechische müsse gelehrt werden, um nachher praktisch verwendet zu werden. Wenn es nur darauf ankäme, so müfste das Latein, die Religion und anderes aus dem Lehrplan herausgeworfen werden, dafür könnten einziehen Englisch, Italienisch, Russisch, Chemie, Hygiene, Anfänge der Nationalökonomie etc. Aber das ist doch wohl Zukunftsmusik. Unsere heranwachsende Jugend, die dereinst die Blüte der Nation darstellen, die die höchsten geistigen Interessen derselben in sich hegen, pflegen und fördern soll, die führen wir deswegen in das Studium des Griechischen ein, damit sie sich an dem ewig frischen Born unvergänglicher Schönheit, der in den Werken der griechischen Dichter quillt, einen unauslöschlichen Durst nach Schönheit trinke, damit sie aus der Lektüre der grofsen Philosophen, Redner, Historiker einen Schatz von Begeisterung für Edles und Grofses gewinne, der für das ganze Leben vorhalte; und zu diesem Zwecke mufs sie die Sprache lernen, denn Übersetzungen thun es nicht: — nicht aber um die Kenntnis der Sprache später einmal praktisch verwerten zu können. Und da sollen wir die armen Jungen noch plagen mit Erlernung einer für den Deutschen ziemlich mühsamen Aussprache, die noch dazu nicht einmal die richtige Aussprache der Autoren ist, die sie lesen?! Nimmermehr!

Es wäre eine reine Zeitvergeudung. Die Aussprache des θ, des δ, die doppelte Aussprache des γ und χ sind für einen Deutschen allerdings gar nicht leicht (eine wahre Pein zum Beispiel χθές nach neugriechischer Weise auszusprechen): ihre Einübung würde viel Zeit erfordern, und schliefslich würde es doch nicht einmal zu korrekter Aussprache kommen. Und hier komme ich auf den vorhin vorläufig beiseite gelassenen Einwand zurück: wenn auch die Aussprache des Neugriechischen nur approximativ zu erreichen ist, so verschlägt es nicht viel, wenn wir die richtige Aussprache des Altgriechischen nur approximativ bestimmen können.

Noch einen anderen Übelstand würde die Einführung der neugriechischen Aussprache haben. Infolge der vielen gleichlautenden Zeichen würden sehr viel mehr Fehler im schriftlichen Gebrauch der Sprache gemacht werden. Engels Berechnung leidet an einem sehr elementaren Rechenfehler. Er rechnet sieben neue Fehlerquellen heraus: „Verwechslung von αι mit ε, von ο mit ω, von ι, η, ει, οι, υ", während daraus zwölf hervorgehen, da von den fünf letzten jedes mit vier anderen verwechselt werden kann.[65]) Übrigens würde dies Bedenken wegfallen, wenn das griechische Skriptum wegfällt, was ja wohl nur eine Frage der Zeit ist.

Nun können Sie wohl sagen: Wenn es beim griechischen Unterricht nur auf den Inhalt ankommt, wenn die Grammatik eben nur gelernt wird, um in den Sinn der Autoren einzudringen, nicht aber um die Sprache selbständig zu beherrschen, und wenn infolgedessen die Aussprache, die bei der Erlernung einer modernen Sprache so wichtig ist, für den Unterricht im Griechischen auf dem Gymnasium ziemlich gleichgültig erscheint, so ist es doch eigentlich müfsig, die Frage nach der Aussprache des Griechischen überhaupt aufzuwerfen. Wenn auf die Aussprache so wenig ankommt, weshalb bleiben wir nicht einfach bei unserer traditionellen Aussprache?

Und Sie dürften damit vielleicht recht haben. Über Rechtschreibung und Aussprache, d. h. recht äufserliche Dinge, zu klügeln, ist Sache der Pedanten. Aber unsere Zeit ist nun einmal pedantisch. Sie will die geheimsten Geheimnisse aus Goethes Leben wissen, sie will ein historisches Theaterstück nur in ganz historisch getreuem Kostüm sehen, sie will auch eine möglichst echte Aussprache gestorbener Sprachen haben.

Doch im Ernst, es ist ein in seiner Weise wohl berechtigter Wunsch, die Schriftwerke aus längst vergangenen Jahrhunderten, die wir lesen, uns auch in jeder Beziehung so vergegenwärtigen zu können, wie sie damals auf die Zeitgenossen wirkten. Und wie die Meisterwerke nicht nur der Dichtkunst, sondern auch der Prosa auf die lebendige Mitteilung von Mund zu Mund berechnet waren, so möchten auch wir uns gern den Ton wiederherstellen, in dem sie einst erklangen. Wenn wir nun auch nicht alle Nuancen uns wieder reproducieren können, so sind wir doch im stande, uns im grofsen und ganzen ein Bild von der Klangwirkung zu machen. Warum sollen wir unseren Schülern das vorenthalten? Freilich müssen wir auch hier wieder mit der Prosa des Lebens rechnen. Nicht alles ist uns selbst klar, nicht alles ist geeignet, den Schülern gelehrt zu werden. Die Bedenken, welche wir vorhin gegen Einführung der neugriechischen Aussprache vorbrachten, dafs die Schüler mit Erlernung ihnen fremdartiger Laute zu viel Zeit verlieren, bleiben auch jetzt bestehen. Es gilt also, einen Mittelweg zu finden, auf dem man der altgriechischen Aussprache einer bestimmten Zeit und eines bestimmten Dialektes möglichst nahekommt, ohne doch den Schülern zu viel Aufwand an Zeit und Kraft zuzumuten.

Welcher Dialekt für die mustergültige Aussprache auszuwählen ist, kann keinem Zweifel unterliegen. Es mufs der attische sein, als derjenige, in dem die meisten Prosaiker, welche die Schüler lesen, in dem die Tragiker geschrieben haben, der die Grundlage der gemeingriechischen Schriftsprache geworden ist. Innerhalb des attischen Dialekts aber ist es die erste Hälfte des 4. Jahrhunderts, deren Lautstand aus inneren und äufseren Gründen am geeignetsten ist, unserer Schulaussprache des Griechischen zu Grunde gelegt zu werden.

Was den Vokalismus betrifft, so mufs vor allem ausgemerzt werden die wahrhaft abscheuliche Aussprache des ει und ευ. Das letztere müssen die Schüler lernen wie *e-u* auszusprechen, mit geschlossenem Laut des *e*; für das erstere würde sich empfehlen, allgemein den Wert des französischen *é* einzuführen, wogegen η wie französisches *è* zu sprechen wäre. Der Unterschied beider Laute ist den Schülern ja schon vom Französischen her geläufig. Für die Erlernung der Grammatik bietet diese Aussprache einen wesentlichen Vorteil: εἶχον ἐποίει erklärt sich von selbst; das Verhältnis von Indikativ und Konjunktiv tritt klar hervor u. dgl. m. Ob für diejenigen ει, welche richtige Diphthonge sind und von Haus aus ι als zweiten Bestandteil haben wie πόλει ἔχει, die Aussprache wie geschlossenes *e* mit *i*-Nachklang (*é-i*) sich empfehlen würde, möchte ich bezweifeln. Auch die geschlossene Aussprache von o und ε, die offne von ω wird sich schwer erreichen lassen, falls nicht ein guter Lehrer die Schüler anregt, desgleichen die spitze Aussprache des ι in αι und οι: für das letztere würde sich aber ohne Mühe die Aussprache *ui* einführen lassen. Die Diphthonge mit langem Vokal und Iota subscriptum ᾳ ῃ ῳ richtig so aussprechen zu lassen, dafs das *i* dem langen Vokal nachklingt, *āi ǣi ōi*, wird keine Schwierigkeiten haben. Der einzige Laut, der den Schülern zu Anfang etwas schwer werden würde, den sie aber bald lernen würden, ist das ευ. Im übrigen wird auf diese Weise eine annähernd richtige Aussprache der Vokale erzielt. Schwieriger ist das bei den Konsonanten.

Da wir über die Aussprache der Aspiraten in jener Zeit nichts Genaueres wissen, so wird es sich empfehlen, für diese die später durchgedrungene spirantische Aussprache der jetzigen Griechen durchzuführen (wobei jedoch die Schüler über das eigentliche Sachverhältnis aufgeklärt werden müfsten), also nicht nur wie bis jetzt, φ = *f*, χ = *ch*, sondern auch konsequenterweise θ wie englisches *th*, neugriechisch θ. Dieser Laut, aber auch nur dieser einzige, würde den Schülern wirkliche Schwierigkeiten machen; wenn jedoch, was wohl nicht lange ausbleiben kann, das Englische in den Lehrplan unserer Gymnasien eingeführt wird, so würde sich das gegenseitig unterstützen. Die Mediae β γ δ behalten am besten den Laut, den sie jetzt haben, höchstens könnte man für γ den Laut ɟ und *j* einführen, den es in norddeutscher Aussprache wohl schon hat. Den Spiritus asper nicht auszusprechen, erscheint zwecklos; ς müfste immer scharf gesprochen werden, ζ wie *dz* oder *zz* (worüber zu entscheiden Sache der Praxis ist, die wahrscheinlich das erstere vorziehen wird). Im übrigen wäre an der jetzt üblichen Aussprache nichts zu ändern.

Wenn wir also von den ausgesprochenen frommen Wünschen absehen, so verlange ich eine Abänderung der gangbaren Aussprache nur für ει ευ (ᾳ ῃ ῳ) θ ς ζ, wovon nur die Aussprache des θ eine schwierige sein würde. Mit dieser Modifikation unserer hergebrachten Aussprache aber würden wir der wirklichen Aussprache des Attischen zur Zeit des Plato ziemlich nahe kommen, jedenfalls aber unvergleichlich viel näher als die Neugriechen mit der ihrigen.

Anmerkungen.

Vorweg bemerke ich, dafs ich mich im Interesse der Leser, für welche ich diese Schrift bestimmt habe, des lautphysiologischen Jargons möglichst enthalten zu sollen geglaubt habe. Phonetische Transskription der einzelnen Laute, um die es sich handelt, war jedoch, der Kürze halber, nicht zu umgehen. Doch habe ich dieselbe möglichst einfach einzurichten gesucht. Für die Vokale ist das Princip durchgeführt, dafs der geschlossene Laut durch einen Punkt, der offene durch einen Strich unter dem Buchstaben bezeichnet ist: dazu kommt über dem Buchstaben die herkömmliche Quantitätsbezeichnung. So bezeichnet also z. B. $\bar{\dot{e}}$ den langen geschlossenen e-Laut, wie in *Schnee*, *Ehre*, $\bar{\underline{e}}$ den langen offenen in *Bär*, *Rede* (der offene e-Laut ist aufserdem auch durch *æ* bezeichnet); $\underline{\breve{o}}$ das offene kurze o wie in *Wort*, $\dot{\bar{o}}$ das lange geschlossene wie in *Ofen*. Auf die Bezeichnung feinerer Nuancen habe ich verzichtet. Was die Bezeichnung der Konsonanten betrifft, so genügt es zu bemerken, dafs mit z das weiche s, mit $þ$ das englische harte th, mit $đ$ das englische weiche th bezeichnet ist, mit $ʒ$ der Laut des g in sächs. *Tage*, mit $η$ der guttarale Nasal in *Enge*, *Anker*.

1) Damit will ich natürlich die Aussprache des Neugriechischen nur im grofsen und ganzen charakterisieren. Wer sich genauer unterrichten will, sei verwiesen auf die Schrift von Karl Foy, Lautsystem der griechischen Vulgärsprache. Leipzig 1879.

2) In dem Dialogus de recta Latini Graecique sermonis pronunciatione, zuerst erschienen Basel 1528 und dann oft wiederholt. Dafs er dazu durch eine Mystifikation veranlafst worden ist und selbst nicht aufgehört hat, die neugriechische Aussprache zu gebrauchen (Ger. Vossius, Aristarch I, c. 28) ändert an der historischen Bedeutung jenes Dialogs nichts.

3) Vgl. den interessanten Aufsatz von H. Klinghardt „Die Lautphysiologie in der Schule" in Kölbings Englischen Studien VIII, S. 287 ff.

4) Was daraus zu entnehmen sein dürfte, dafs das preufsische Kultusministerium für die nächsten Direktorenkonferenzen die Frage der Aussprache des Lateinischen als Thema aufgestellt hat.

5) Eduard Engel, Die Aussprache des Griechischen. Ein Schnitt in einen Schulzopf. Jena, Costenoble 1887.

6) Was ich eingehender nachgewiesen habe in der Berliner philologischen Wochenschrift 1888, Nr. 17.

7) Friedrich Blafs, Über die Aussprache des Griechischen. Zweite Auflage. Berlin, Weidmann 1882. Die erste Auflage ist völlig veraltet.

8) A. R. Rangabé, Die Aussprache des Griechischen. Zweite verm. Aufl. Leipzig 1882.

9) Ich übernehme natürlich für diesen Ansatz keine Gewähr. In neuerer Zeit ist die älteste Geschichte des griechischen Alphabets Gegenstand verschiedener Forschungen und Hypothesen gewesen und manche Gelehrte sind geneigt, den Gebrauch der Schrift in noch früherer Zeit als dem 9. Jahrh. den Griechen zuzuschreiben. Zur allgemeinen Orientierung verweise ich auf Hinrichs, Griechische Epigraphik, im I. Bande des Handbuchs der klass. Altertumswissensch., herausg. von Iw. Müller, S. 379 ff.

10) In der That sind wir auch über die Aussprache des Lateinischen ziemlich gut informiert. Der Gegenstand ist neuerdings im Zusammenhang gründlich behandelt worden von E. Seelmann, Die Aussprache des Latein nach physiologisch-historischen Grundsätzen. Heilbronn 1885.

11) Viel zu weit geht meiner Meinung nach in der Annahme von Entlehnungen O. Weise in seinem übrigens äufserst gründlichen Buche: Die griechischen Wörter im Latein. Leipzig 1882.

12) Cap. 5, p. 625 Bekk.

13) Vgl. K. E.-A. Schmidt, Beiträge zur Geschichte der Grammatik des Griechischen und des Lateinischen. Halle 1859, S. 71 f.

14) Lentz, Herodiani technici reliquiae. praefat. p. CI. Dagegen Blafs a. a. O. Anm. 243. Vgl. auch Kühner, Ausführl. Gramm. d. gr. Spr. I, S. 60 f. S. unten Anm. 26.

15) Dionys. de comp. verb. p. 167: ἀκέραστοί τε γάρ αἱ φωναί τοῦ τε ι καὶ τοῦ α, καὶ ἀποκόπτουσαι τὸν ἦχον.

16) p. 418 Bff.

17) Thuc. II, 64.

18) Anth. Pal. XII, 43. Callim. epigr. XXVIII.

19) Den Anstofs hat Petersen versucht wegzuschaffen, indem er den zweiten Vers liest: ἀλλὰ πρὶν εἰπεῖν τοῦτο σαφῶς Ἠχώ, φησί τις ἄλλος ἔχειν, und Blafs stimmt ihm bei. Aber wo bleibt da die Pointe? Ich glaube nicht, dafs etwas geändert werden darf.

20) Blafs S. 53. 55 f.

21) Haupt und Dilthey (de Callim. Cydippa p. 5).

22) Vgl. Aristoph. Plut. 290. 296. Ach. 1228. Equ. 10. 276, nebst den Scholien zu diesen Stellen und Schol. Pind. Ol. IX, 1. Archil. fr. 119 Bgk. Philox. fr. 11 Bgk.

23) Über die Nachahmungen der Tierstimmen in den klassischen Sprachen und dem Deutschen handelt eingehend W. Wackernagel, Voces variae animantium. Basel 1869.

24) Oken sagt in seiner Naturgeschichte VI, 473: „Ihr Ton heifst

quaken, weil sie einigemal hintereinander quoak quoak schreyen, worauf sodann ein schnelles gäckgäckgäck folgt."

25) Von den neueren Schriften über diesen Gegenstand ist weitaus die bedeutendste und wichtigste, ein Muster zugleich von strenger methodischer Forschung und lichtvoller Darstellung, die Schrift von A. Kirchhoff, Studien zur Geschichte des griechischen Alphabets. Vierte umgearb. Aufl. Gütersloh 1887.

26) Hauptstelle Eustath. 1721, 27 (zu Od. μ 266): "Ότι κυριολεκτών λέγει μυκηθμὸν ἀκοῦcαι βοῶν αὐλιζομενάων οἰῶν τε βληχήν. μυκῶνται γὰρ αἱ βόες, βληχᾶται δὲ ὄιc. εἰ δέ που ἐν Ἰλιάδι ἐπὶ προβάτου καὶ αἰγῶν κεῖται κοινῶc ὁμοῦ τὸ μηκᾶcθαι, cυλληπτικὸc ὁ τρόποc ἐκεῖ. αἶγεc γὰρ κυρίωc μηκῶνται, προβάτων δὲ οὐκ ἔcτι τοῦτο, ἀλλ' ἡ βληχή. Ἰcτέον δὲ ὅτι μάλιστα τὸ βῆ φωνῆc προβάτων ἐcτὶ cημαντικόν. καὶ φέρεται παρὰ Αἰλίῳ Διονυcίῳ καὶ χρῆcιc Κρατίνου τοιαύτη· ὁ δ' ἠλίθιοc ὥcπερ πρόβατον βῆ βῆ λέγων βαδίζει. Dann Eust. 768, 14 οἱ δ' αὐτοί φαcιν ὁμοίωc μιμητικῶc καὶ βῆ οὐ μὴν βαΐ, μίμηcιν προβάτων φωνῆc. Κρατῖνοc· ὁ δ' ἠλίθ. κτλ. Hierzu sind zu vergleichen Et. M. 196, 7: Βῆ, τὸ μιμητικὸν τῆς τῶν προβάτων φωνῆς, οὐχὶ βαί λέγεται Ἀττικῶς. Κρατίνοc Διονυcαλεξάνδρῳ· ὁ δ' ἠλίθ. κτλ. ῥητορικὴ δέ ἐcτιν ἡ λέξιc. Suid.: Βῆ. τὸ μιμητικὸν τῆς τῶν προβάτων φωνῆς. οὐχὶ βαί λέγουcιν Ἀττικοί. Κρατῖνοc Διονυcαλεξάνδρῳ· ὁ δ' ἠλίθ. κτλ. Die letzten drei Stellen gehen, wie man sieht, auf eine Quelle zurück, doch wohl auch Aelius Dionysius; somit würde die Bemerkung οὐχὶ βαί einen Beweis liefern, dafs schon zu Anfang des 2. Jahrh. n. Chr. auch die Gelehrten αι wie e sprachen. Vgl. oben Anm. 14.

27) Andere Erwähnungen des βῆ gehen auf Herodian zurück, so Theognost 155, 18 = Herodian Lentz 492, 17, und E. M. 78, 40, wo das βῆ in einer auf den Accent bezüglichen Regel steht, in der ausdrücklich der τεχνικός erwähnt wird.

28) Daher die Söldner, die mit Psammetich im 7. Jahrh. v. Chr. nach Nubien zogen, obwohl zum Teil Dorier, doch zu den Inschriften, mit denen sie sich in Abu Simbl verewigt haben, alle ionisches Alphabet benutzt haben.

29) Vgl. A. v. Schütz, historia alphabeti Attici. Berlin 1875, S. 58 ff.

30) Über diese ABC-Tragödie ist zu vergleichen G. Hermann, Opusc. I, p. 137 ff. Welcker „Das ABC-Buch des Kallias in Form einer Tragödie" Kl. Schr. I, S. 371 ff. O. Henso „Die ABC-Tragödie des Kallias und die Medea des Euripides", Rhein. Mus. XXXI, S. 582 ff. Unsere Kenntnis von diesem wunderlichen Werk beruht ausschliefslich auf Athenaeus X, 453 C ff.; noch ist nicht alles klar gelegt. Die im Text gegebene Datierung beruht auf der Angabe des Klearchos bei Athenaeus (die sich VII, 276 A wiederholt), dafs Euripides in den Chorliedern seiner Medea jene Tragödie des Kallias nachgealmt habe, woran doch wohl nicht zu rütteln sein dürfte. Dafs das Buch eine Art Reimfibel zur Erlernung der Buchstaben gewesen sei, ist eine nicht unwahrscheinliche Vermutung Welckers.

31) Theseus frgm. 385 Dind. Athenae. X, p. 454 B. Die Worte lauten: τὸ δεύτερον δὲ πρῶτα μὲν γραμμαὶ δύο, ταύτας διείργει δ' ἐν μέσοις ἄλλη μία. Die Stelle des Aristophanes ist Vesp. 312 f., wozu das Schol. zu vergleichen. Theseus frgm. 389. 390 Dind.

32) Vgl. K. Meisterhans, Grammatik der attischen Inschriften. Berlin 1885, S. 2 Anm. 12. Kirchhoff, Stud. z. Gesch. d. gr. Alph. Vierte Aufl., S. 93. 96.

33) Die Inschriften der älteren Zeit citiere ich nach dem Werke: Inscriptiones graecae antiquissimae praeter Atticas in Attica repertas consil. et auct. academiae lit. reg. Bor. ed. Hermannus Roehl. Berol. 1882 (Abkürzung: IGA). Die im Text erwähnten Söldnerinschriften stehen dort unter n. 482.

34) Reichliche Belege giebt G. Meyer, Griech. Grammatik, 2. Aufl. § 60 (1. Aufl. § 34).

35) Dies hat zuerst erkannt und klargelegt W. Dittenberger in dem Aufsatz „Zum Vokalismus des ionischen Dialekts" Hermes XV, S. 223 ff. Vgl. Blaſs S. 23.

36) Kirchh. a. a. O. S. 25. 27. 64. 80. 83.

37) Vgl. Renner, De dial. antiquioris Graecor. poesis elegiacae et iambicae. Curt. Stud. l, 1, S. 179 ff.

38) Belege bei G. Meyer, Gr. Gr. 2. Aufl. § 119 f. (1. Aufl. § 117 f.)

39) In dem Alphabet der asiatischen Ionier, das später allgemein wurde; in Paros brauchte man beide Zeichen gerade umgekehrt.

40) So Blaſs S. 25.

41) Vgl. Brugmann, Vergl. Gr. § 311 ff.

42) Auf die Existenz eines solchen dunklen unreinen kurzen ε-Lauts noch im klassischen Griechisch weist das Schwanken zwischen ε und ο auf attischen Inschriften in manchen Worten: Ἐρχομενός Ὀρχομενός, Κόρκυρα Κέρκυρα, ὀβελός ὀβολός, Πυανεψιών Πυανοψιών u. a. Vgl. K. Meisterhans, Grammatik der attischen Inschriften, § 6, 1 b. G. Meyer, Gr. Gramm. 2. Aufl. § 25. 26 (1. Aufl. § 23. 24).

43) Eine Verschiedenheit im Klang dieser beiden ihrem Ursprung nach verschiedenen η nimmt aus anderen Gründen und in andrer Weise an Merzdorf, Curt. Stud. IX, 226..

44) Vgl. Meisterhans a. a. O. § 2, 3.

45) Was von Dietrich in Kuhns Zeitschr. XIV, p. 67 behauptet, von Blaſs S. 28 und Meisterhans § 10, 1 aufgenommen, und für eine gewisse Klasse von Bildungen ausführlich zu beweisen versucht worden ist von Rödiger, Griech. Sigma und Iota in Wechselbeziehung, Berlin 1884, wogegen zu vergleichen meine Recension in d. Wochenschr. f. klass. Phil. 1884 Nr. 42 u. 43.

46) So ist die Darstellung von Meister „Die griech. Dialekte" I, S. 224 f. 227 ff., die sehr unklar und ungenau ist, zu berichtigen. In Inschriften des epichorischen Alphabets findet sich ι nur für solches ει, welches entweder Steigerung von ι ist (Πίθαρχος IGA. 157. Πισιδωρίδας

212) oder aus ε + ι kontrahiert ('Αθανογίτις 137. Θειογίτα 261. Καλλιγίτων 259. Θιοτέλια 142. Ξενόκλια 164. Εὐτέλια 223. Ἱππάρχια 260. Χαρόκλια 302. Εὐκλίδας 157) oder durch Epenthese des ι entstanden ('Αμινοκλέης 157. Φιλαίγιρα 298). Ebenso oft aber findet sich ει: Τεισαμενός 143. Εἰκαδίων 235. Πειθώνδας 282. 'Αριστοκράτει 145. 'Ανφάλκει 220. Προκλεῖ 256. Πασίκλεια 242. Αὐτοκράτεια 245. 'Αμεινοκλείας 155. Die Dehnung aus ε, welche im ionisch-attischen Alphabet mit ΕΙ bezeichnet wird, ist in den epichorischen büot. Inschriften immer durch Ε wiedergegeben: ΕΜΙ häufig, ΦΑΝΕS = φανείς 167. ΨSΕΝΟΙSΙ mit metrisch bezeugter Länge 167.

47) An Stelle der aus ᾱ entstandenen ionischen Länge η hat der böotische Dialekt natürlich wie alle nichtionischen das alte ᾱ: δᾶμος, μνᾶμα, Δαμάτριος etc.

48) Wenigstens in der Regel, doch mögen dialektische Abweichungen vorgekommen sein. So ist aus der Schreibung ΑΕ ΟΕ für αι οι auf tanagräischen Inschriften (z. B. Αεσχρονδας Χοεριλος) wohl zu schließen, dafs in der Lokalmundart von Tanagra αι und οι mit offenem ε gesprochen wurden, wie wir es thun.

49) Belege bei Gust. Meyer, Griech. Gr.² § 155 (erste Aufl. § 151 f.).

50) Z. B. 'Αμφικτίονες 'Αμφικτύονες, ἥμισυς ἥμυσυς u. a. m. Vgl. Meisterhans § 8.

51) Die Angaben des Folgenden über den Vokalismus sind in der Hauptsache aus Meisterhans, Grammatik der att. Inschr. entnommen.

52) Ebensowenig habe ich auf die Fälle eingehen können, in welchen sporadisch schon in klassischer Zeit solche Lautübergänge vorkommen, wie sie später allgemein werden, z. B. Ποτειδεᾶται neben Ποτείδαια, ἑώρα neben αἰώρα, γῆ neben γαῖα (hierüber vgl. meine Schr. de nominib. graec. in αιος S. 112), Ποτειδάν und Ποτιδάν, χίλιοι χείλιοι u. a. Die Verteidiger der neugriech. Aussprache haben dergleichen Einzelheiten begierig aufgegriffen, während doch nur die gesetzmäfsige und gleichmäfsige Lautbewegung im grofsen und ganzen für unsere Frage mafsgebend sein kann.

53) Vgl. G. Meyer, Gr. Gr. 2. Aufl. § 238 (1. Aufl. § 229).

54) fragm. dith. 79 (47).

55) IGA. n. 500.

56) Vgl. Hinrichs, Griech. Epigraphik (Handb. d. klass. Altertumswissensch., hsg. von Iw. Müller I), S. 397. G. Meyer, Gr. Gr. 2. Aufl. § 282.

57) Vgl. die hübsche lautphysiologische Auseinandersetzung von Theod. Siebs, Die Assibilierung des k und g. Tübingen 1886, S. 68 f.

58) Ritschl, Monumenta epigraphica tria p. 28. Curtius Grdz.⁴ S. 417.

59) Athen. XIII, 586 E.

60) Quintil. inst. or. XII, 10, 27.

61) Plato com. fr. 168 K.

62) Dion. Thrax in Bekk. an. p. 632 und Dionys. Hal. p. 78. Die Autorität des Aristoteles, die Blafs S. 95 anruft, beweist nur für die Natur des Ζ als Doppellaut, nicht für die in ihm verbundenen Laute.

63) IGA. 111. 112.
64) S. oben Anm. 1.
65) Engel S. 159. Die richtige Berechnung stellt sich so:

Verwechslung von ι mit η
,, ει
,, οι
,, υ
,, ,, η ,, ει
,, οι
,, υ
,, ,, ει ,, οι
,, υ
,, ,, οι ,, υ
Summa 10

Verwechslung von αι mit ε
,, ,, ο ,, ω
Summa 12